介護現場歴20年。

安藤なつ
メイプル超合金

まめこ マンガ

Kaigo
Genbareki
20nen.

Natsu Ando

プロローグ

どーも
はじめまして
安藤なつです
ご存じの方も
いらっしゃると
思いますが……
私の職業は芸人です
メイプル超《ちょう》合《ごう》金《きん》
……という
コンビを組んでいます
でも実は……
介護福祉士の資格を
持っている
介護現場歴20年
の芸人なんです
介護の仕事が
とても好き

でも一般的に介護職って……
大変そう……
キツそう
しんどそう
こんなイメージが強いですよね？
もし、そういう方がいたら……
もっと介護の世界を知ってほしい!!
きっと、今より明るいイメージを持ってもらえるはずだから
まずは幼いころから介護が身近にあった私のお話を読んで少しでも介護に興味をもってもらえたらうれしいです
はじまり はじまり～
それでは『介護現場歴20年。』はじまり～

Contents

Chapter 3

Chapter 4

Chapter
1

伯父が運営する介護施設へ

私がはじめて介護の世界に出会ったのは小学校1年生の夏
ミーーン
ミーーン
ミーーン
なつー

明日から
谷本のおじさんちに
泊まりに行くよ～
お泊まりの準備しといてね
母
へーい
安藤なつ
（6歳）
谷本のおじちゃん……
何回か
会ったことがあるけど
家に行くの
はじめてだ
どんな家なんだろ？
楽しみだな
『谷本のおじちゃん』
こと、伯父は
私の介護経験を語るにあたって
欠かせない人物の1人

うちから電車で
1〜2時間
伯父は
小規模な介護施設を
運営していた
暑いなか
よく来てくれたね!
さ、入って入って!
伯父　通称
『谷本のおじちゃん』

3階建ての建物と
自宅の一部を改装した施設で
いまで言う
デイサービスや
ショートステイを行っていて
脳性まひの女の子や
自閉症の若者
認知症のお年寄り
といった
いろいろな人がいた

荷物を2階に置いておいで
ハーイ
なっこっちよー
はじめて見た利用者さんの印象は…
ちょっと待っててねー!!
あの子病気なのかな?
そんな感じだった
はたっ
あなた谷本さんの姪のなっちゃん?
深々〜
こんにちははじめまして安藤なつです

はじめまして
私は田中です
いまからおやつなんだけど
なっちゃんも
一緒に食べない？
ウフフ
ダッ
ウン
じゃあ、急いで
この荷物
置いてくるね
やったー
おやつー
あせらないで
大丈夫よ～！
その日は
おやつに金平糖を食べて
その後、歌ったり
踊ったりした
夏祭りみたいで
楽しいな
これが
私にとって
〝はじめての介護現場〟

それからは、毎年
夏休みや年末年始になると
伯父の家に
行くようになった
氷
当時は
介護とかボランティアとか
そんな意識はなく

〝遊びの延長線〟
なに なっちゃん その動き〜!
楽しくて、居心地のいい
伯父の家が
大好きだった

とくに
印象に残っているのは
夏の恒例行事
夏の大合宿!!
何をするのか
というと…

2泊3日とかで
山荘に泊まり
各教室ごとに
マラソンをしたり
プールで泳いだり
伴走
77
バーベキューをしたり…
施設の人たち、みんなが
楽しみにしているイベントだった
伯父の施設は
曜日ごとに、いろいろな
教室があったんです

ある年の夏合宿前のお話――
何か手伝うことあるー？
安藤なつ
（10歳）
じゃあKちゃんの準備を手伝ってもらえる？
ビシッ
ラジャッ

睡眠障害の女の子Kちゃん

Kちゃんは私と同世代の
睡眠障害をもった女の子だった
薬を飲まないと眠れなかったり
突然、暴れてしまったり
うわあぁ
気持ちの上がり下がりが大きい子だった
ぱあぁ
どよ〜ん

Kちゃん
合宿の準備しよっ
たのしみだね
プール入るでしょ
もちものリスト
……
もじもじ
もじもじ
?
……
……
ぶんっ
ぶん
ぽんぽん
おじちゃん
Kちゃんは
合宿に
行きたくないの?

そんなことはないよ！
でも、いきなりだと
心の準備ができないの
かもしれないね
Kちゃんが
心の準備を
しやすいように
〝整理〟を手伝って
あげようか！
〝整理〟？
Kちゃんは
突然、多くの情報を
与えられると
ポイ
プール
水着あったっけ？
準備
間に合うかな…
合宿
どこ行くんだっけ？？
夏
いつから行くんだっけ…？
ポイ
あわわわ
キャパオーバーになって
はみ出しッ
準備
プール

パニック状態になってしまうことがある
わああぁッ
ムリ!
ムリ!
行けない!!
だから…1つの情報を渡したら
ハイどうぞ
情報A
Kちゃんがそれを整理できるまで待ってから
次を渡してあげるようにする
B
C
どこに
しまおう
A
A

焦らず 1つ1つゆっくりと
合宿って行ったことある?
こく
今年は3泊するんだって!
あと一週間だね
8月
なつも行くけどKちゃんも行く?
たのしみ~
こくっ
確認しながら 相談しながら
これから準備するけど一緒にする?
コクコク
まずは着替えから…
もちものリスト
コクコク
この服?
カワイーね
〝整理〟をしつつ 準備を進めた

できたっ
いま思うと
伯父やスタッフさんは
私を見守りながら
育ててくれていた
気がする
夏合宿
カバン
完成!!

そんな風にして
私は介護の世界へ
足を踏み入れていった

その後も遊びに行った先でのお手伝いといった感覚で
遊びにきたよ～
教えてもらいながら
シワがないようにしくといいよ！理由はね……
観察しながら
上にあげますねー！
あぁするといいのか…
できることや
Bさんに「お昼ご飯だよ」って声かけてくれる？
ラジャ！
任せてもらえることが増えていくのがうれしかった

難しいこともあるけどできなかったことができるようになると
楽しいっ

なんかレベルアップしたような気分？
なつは
レベルが あがった！
テッテレー♪
おさんぽ行こー
介護経験をとおして自分の成長を感じる…これも介護の楽しさの1つだと思う

「世話」ではなくできることを「支援」するのが「介護」です

介護福祉士
和田行男さん
1955年、高知県生まれ。日本国有鉄道（現:JRグループ）職員から、1987年に介護業界に転身。特別養護老人ホーム勤務などを経て、1999年に東京都初の認知症高齢者グループホームの施設長に就任。2003年から（株）大起エンゼルヘルプで介護事業や地域包括支援センターを統括。従来にない認知症ケアを開拓し、認知症への社会理解を深める活動を継続中。

介護福祉士（和田行男さん）

安藤なつ

安藤　私も40代になって、同年代の友人から「父親がちょっとオカシイ」といったような話を聞くようになりました。私が介護職の経験があるということで、相談されたりもするのですが、まだ私は介護福祉士の資格をとったばかりで、「まずは地域包括支援センターへ行ってね」とはいいますが、なかなか行動に移せない友人も多くて……。

和田　まず、ネックになるのは、地域包括支援センターといっても、自治体によって名称が違うことですね。「なんとかケアセンター」とか「総合相談センター」みたいな。

安藤　それでは「地域包括支援センターへ行ってね」とアドバイスされても、「うちの市にはない」と思っちゃいますよね。

和田　なので、僕は「名称が自治体によって違うので、役所の高齢者福祉課とか介護保険課に行って聞くといいですよ」と話をします。「高齢の親の生活のことで相談したいのですが」と問い合わせれば、近くの地域包括支援センターのリストをもらえます。

安藤　「ちょっとオカシイ」くらいでも相談していいものか、不安もありますよね。

和田　僕は、まず地域包括支援センターでやっている介護関係の勉強会に参加することを勧めています。すると、たいてい地域包括の担当者が講師になりますからね。市報とか自治体の広報紙を、ふだんからチェックしておくとよいです。地域の情報も得られますから。

安藤　私としては、自分が仕事として介護をすることは、ちっとも大変とは思わないのですが、やはりご家族は、身内のこととなるとそうはいかないと思っていて。どうしても私情が入って、感情的になってしまいがち。そうなると、介護するほうも、されるほうもダメージが大きいのではないかと。

和田　家族ってすごく特殊な関係なんですよね。一緒にいる時間が多くても少なくても家族は家族だし、他人には見せない姿にもなれたりするでしょ。そういう関係の中なんで「認知症になった親」へ複雑な感情がわくのは当然です。介護となると、そのよい面と悪い面が出るんですよ。

安藤　悪い面が出ると、ご家族に余裕がなくなっていきますよね。そこに第三者が入って余裕ができれば、かなり違ってくるかなと。私も介護中に暴言を言われたり、叩かれたりしたこともありますが、その方にとっては、気持ちよく寝ていたところに、急に他人が現われて、アレコレ言われるわけですからね。こちらは、とにかく仕事ですから、冷静になんとかミッションを達成しようと試行錯誤をするわけですが。

和田　昔、施設の入居者を対象に、家族の面会数を調べたんですが、認知症の方の面会数が、他の疾患の入居者に比べて多かったんです。つまり、家族は「親にくっついた認知症」とつきあうのにくたびれていくわけで、本人との関係が崩れているのではない。だから認知症の部分を第三者にまかせることで、お父ちゃんお母ちゃんに会いにいきたい、となるんじゃないかと。

安藤　ご家族側が介護サービスを利用しにくいのは、家族のことを人にあずけるという罪悪感もあるのでしょうか。世間体とか。

和田　それもあるでしょうが、介護の世界に30数年間いて、最近はそういう罪悪感は軽くなってきていると思います。僕ら介護職としては、「罪悪感をもたせない」「あずけてよかったと言わせてみせる！」くらいの気持ちでいます（笑）。

安藤　そうですね。でも、ご本人やご家族の立場で考えたら、そもそも他人が家に入ってきたり、家族の世話を人にあずけたりって、気持ち的に簡単ではないと思うんです。

和田　おっしゃる通りで、時代とともに気軽になってはきたけど簡単ではないと思いますね。僕ら支援させていただく側は、その家族等の心模様を察することが大事で、特にご自宅に伺う訪問系の事業は気を使います。プライベート空間に入っていきますから。入居系の場合は、入居させるときの複雑な気持ちも入居後の生きる姿を見て変えていけますからね。「思い切ってあずけてよかった」というように。

安藤　ましてや介護業界は慢性的な人手不足ですしね。

和田　人手不足は深刻で、介護する側に余裕がなくなってきているんですね。余裕のなさは「量」だけでなく、「質」の面にも影響が大きいと思います。例えば、言い方に誤解を生むかもしれませんが、「介護職員としての質を高めるために指導・助言する」のは当たり前のことですが、管理者などは「言って辞められたら困る」から言わないといけないことにもためらいが出てしまっている、とかね。そうなると悪循環で、あずけてよかったと思ってもらえる介護事業所づくりは難しいわけです。

安藤　「ご本人のためによくて、家族も『あずけてよかった』と思える介護って？」と考えたときに、和田さんはよく「自立支援」が大切だとおっしゃっていますよね。私はずっとそのことをお聞きしたくて。

和田　僕は自立支援という言葉は使いません

が、人って「自分でできることは自分でする」のが当たり前で。子育て期は自立支援を受ける時期で、「自分でできるように」ですよね。誰もが、「自分でできるまま」に死を迎えたいと願っていますが、裏腹に病気やケガによって自力でできなくなり、「介護」が関わるようになる。その関わりが「本人ができることさえもしてあげる」のは正しくなく、僕らが関わることで「できることが続けられる」「取り戻せる」ことを目指すべきだと言っています。

安藤　買いものや掃除ができなくなったら、介護サービスの家事援助が利用できますよね。

和田　訪問介護の「家事援助」というのは「代行」で、本当にできなくなったら代わりにしてもらうしかないわけですが、僕らの専門性は見守ってあげれば自身でできる、口添えしてあげればできるなど、「何ができて、何ができないか」の見極めをすることです。できることまで代行しては、できることもできなくなってしまいますから。買い物ができなくなったから買い物してきてあげるでは、「買い物をする姿」は消え失せてしまいます。だから介護保険制度の中では、「見守り的援助」というのが制度上位置づけられているわけです。

安藤　確かに、介護現場にはテキパキと仕事をこなすヘルパーさんもいましたけど、自分のペースが優先で、利用者さんがおいてけぼりになっているようにも見えて。それって、どうなのかなぁと思っていました。

和田　まぁ、そうなりがちなのも現実ですけどね。「必要なときに必要なだけ」やることが大事。そういう意味では、介護は決して「お世話」ではなく、「支援」という言い方をしたほうがいいと、僕は考えています。

安藤　自分でやれることがあるって、大事ですよね。

和田　そうなんです。ところで、安藤さんが子どものころから行っていらしたという伯父さんの施設は、どんなところだったんですか。

安藤　小規模な施設だったんですけど、脳性まひにより身体障害のある方や、自閉症の方、摂食障害のあるお子さん、高齢の認知症の方も数人いらっしゃいました。最初はデイサービスとして始めて、そのうち一軒家を改築してショートステイもやって。野球教室や水泳教室なども開いていました。

和田　楽しそうなことをやってますねえ。

安藤　とにかく楽しくて。それ以来ずっと介護の仕事は大好きなので、「介護は大変でしょ」と言われると、「そうじゃないんだけどな」と。どうやって楽しさや、やりがいを人に伝えたらいいかと考えてしまうんです。もちろん、事故を起こしてはいけないので、そこは緊張していましたが。

和田　安藤さんのお話をお聞きして思ったのは、相手の気持ちをスッと汲むんですね。「急に人が来たら驚くだろう」とか「人に家族をあずけるのは不安だろう」とかね。これって、すごく大切なこと。こっちから見て「暴言」なんて言っていることも、向こうから見たら、「そら、そう言うだろうな」ってことが多いんですが、それって意外にできないことなんですよ。

安藤　そういうものですか。いろいろな世の中の偏見が入る前に、「楽しい」というところから入ったからかもしれませんが……。

和田　確かに、利用者さんとのやりとりは、僕も楽しんでいますよ。「もう、私バカになっちゃった」って嘆くので、「大丈夫、生まれつきやから」って返して2人で大笑いしました（笑）

安藤　施設にいたおじいちゃんは、「昔、オレはスパイだった」というんです。本名はロバートなんだと言ってて、ピストルの説明をしてくれました。私のことをお相撲さんと思っているおばあちゃんもいましたよ。「今場所どう？」と聞かれて、「いやぁ、負け越しですかね」なんて答えたりして。

和田　ワハハ！　僕はこの業界でいろいろな人に会いますが、安藤さんみたいな人はそうそういないですよ。お笑いの世界においておくのは、もったいないなぁ（笑）。

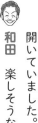

Chapter
2

初めての着替え任務

中学に入ると
毎日、忙しかった
中学生になったどー!!
安藤なつ
中学1年生（12歳）
部活動は
柔道部と
てぃっ
バァンッ
ボランティア部に
入っていた
ボランティア
今月の活
なし
とくに活動が
なかったから
伯父さんちに行くのが
個人活動みたいな
ものだった

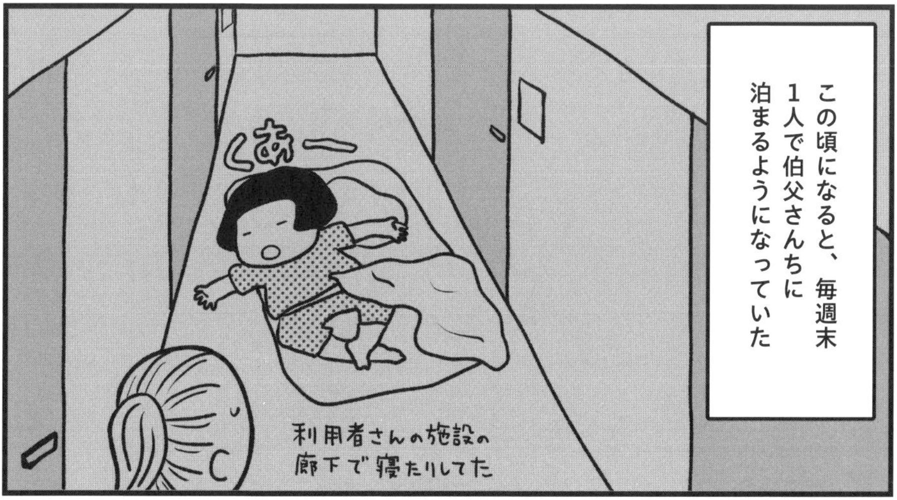
この頃になると、毎週末
1人で伯父さんちに
泊まるようになっていた
くあー
利用者さんの施設の
廊下で寝たりしてた

お手伝いの幅も
少しずつ広がって
いたけど…
気持ちは
〝遊びの延長線〟
のまま
口腔ケア
入浴介助
背中
洗うよー！
「介護のお仕事」
という意識はなかった
食事介助

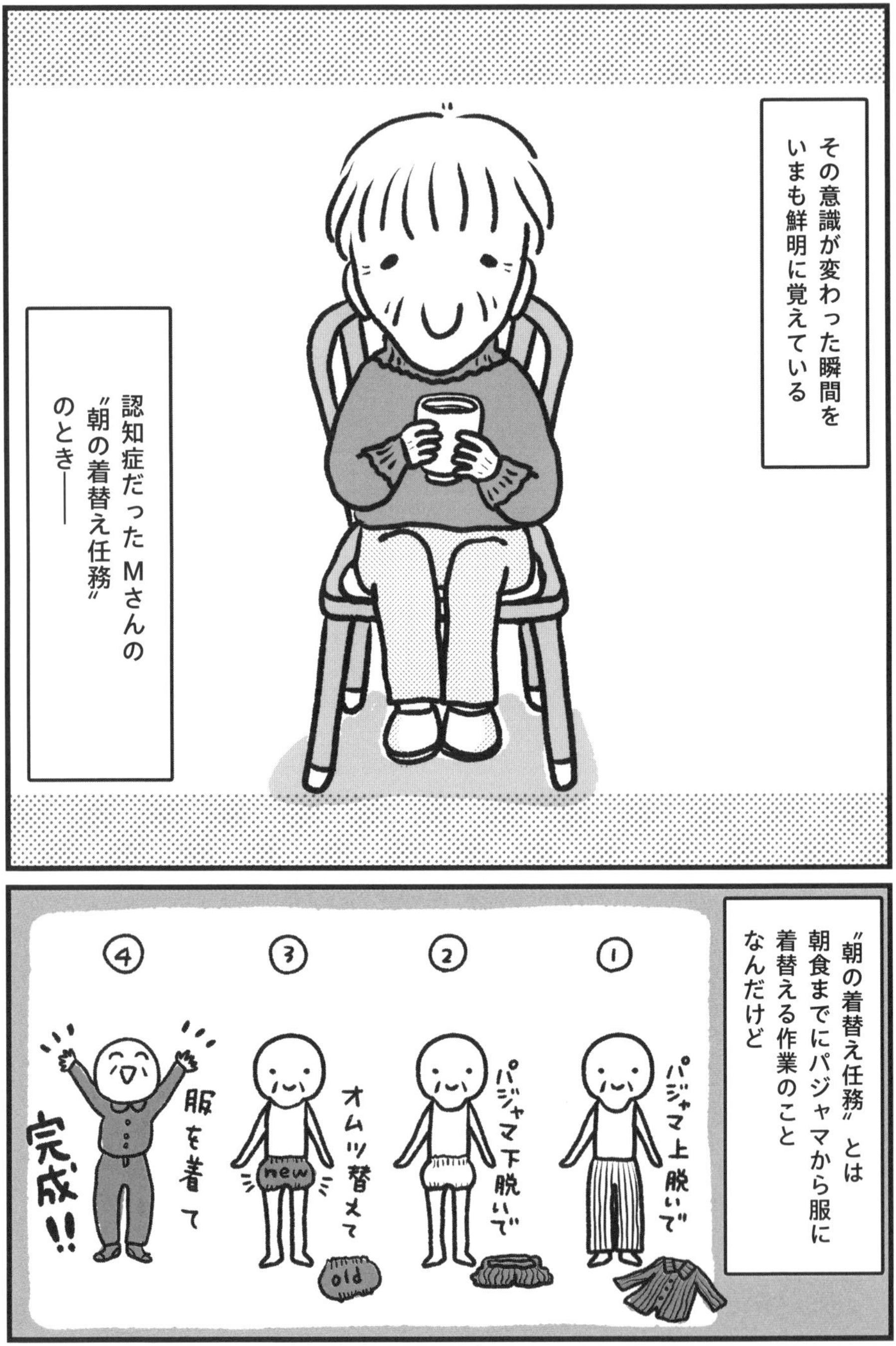
その意識が変わった瞬間を
いまも鮮明に覚えている
認知症だったMさんの
〝朝の着替え任務〟
のとき——
〝朝の着替え任務〟とは
朝食までにパジャマから服に
着替える作業のこと
なんだけど
①
パジャマ上脱いで
②
パジャマ下脱いで
③
オムツ替えて
new
old
④
服を着て
完成!!

これが どー——にも 大変だった
よしっ あとは 服を着るだけ
じゃあ この服に…
たたみ
“任務”なんて 大袈裟な…
脱いだパジャマ
できた わよ～
くるっ
じゃあ 朝ご飯に 行こう…
か？
どこから出した？
別のパジャマ
服
これだけ ではない
ベッドのすみに しまいこんでいたらしい
いい のよ！
これで いいの！
断固として 着替えてくれなかったり
いつになっても 任務を遂行できず…
撃沈…
あら、あの子 どうしたの？
いいのよ～！
スタッフさんに 助けてもらうことが 悔しかった

1人で任務を遂行するためにいろいろ試してみた
NO!
ぶん
ぶん
うーん……
今日もダメか～……
いったん仕切り直そ
スタスタ…
ガチャ
Mさんおは～
じゃあ、さっそくですがこの服に着替えてみ……
いやよ～このままでいたいのよ
その1 〝仕切り直し〟作戦
No!
失敗

その2
〝キャラ変〟作戦
ウィーーン
ガチャ
ウィーーン
ガチャ
ワタシガ オキガエロボ ナッ8ゴウ
イマカラ フクニキガエル オテツダイスルヨ
アニメキャラ
きーがーえーのー ふーくー!!
おばあちゃん 着替えよ〜!
カワイイ孫キャラ
NO!!
ハイ! では 着替えて みましょうネ!
お医者さんキャラ
さ Mさん、着替えの時間でござるヨ!
Mさんの好きな時代劇キャラ風
失敗

その3
"密談"作戦
Mさん
ヒミツの話があるんですけど
こそ…
なあに??
朝ご飯
ハムエッグらしいよっ
ハムエッグなの⁉
そうなのヒミツだけど
おっ
ゆらいだ?
でも…
No
だよね〜
ガクッ
任務を遂行できないまま
数か月が過ぎた
失敗

そんなある日
オハヨ
おはよう
じゃあ シャツから…
プチ
ん？
そでのボタンとめるね
ハーイ
んん？
Mさんも準備できたよ
んんん？
1人で任務遂行
できちゃったっ
ハムエッグおいし〜わ〜

その日以降
着替え任務は
スムーズに
できるようになった
たまたま
調子が良かった
のかな？
Mさんのペースに
うまく入り込めた
のかな？
なんでうまくいったのか
理由はわからないけど
Mさんに
心を許してもらえた
気がして…
押しよせる…
うれしいっ
達成感!!
やった〜

介護をとおして信頼関係を構築できる喜びを知った
もっと仲良くなれたらいいなっ
今はどんな気持ち？
このときから介護という仕事を意識し始め〝人をよく見る〟ようになったと思う
介護の仕事のスタートラインに立てた気がした

ときは巡り
私は中学3年生になり
進路を考えていた
流れ的には
高校進学ってことなんだろうけど…
安藤なつ
中学3年生（14歳）
行きたくねー
というわけで行かなくていいかな？
高校……
どういうわけなの!?
母
行かなきゃダメか…
う〜ん……
でも…朝、早く起きるのもダルイしな〜
いい方法はないもんか…
考えた結果…
定時制の高校に進学した
これで朝起きなくていい〜
しかも私服〜ラク〜
柔道で特待の話もきてたのに……
いいけどね
安藤なつ
高校1年生（15歳）

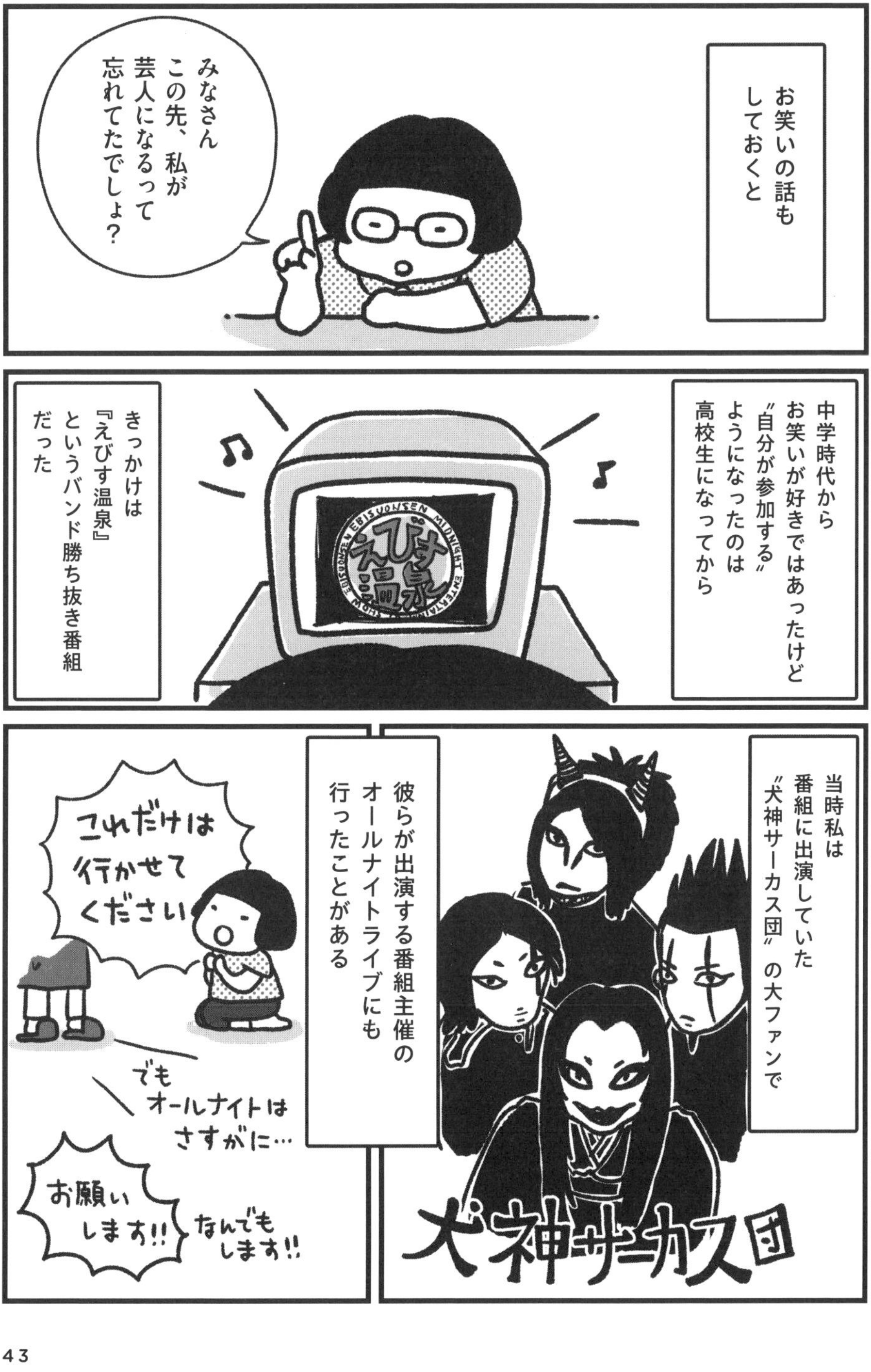
お笑いの話も
しておくと
みなさん
この先、私が
芸人になるって
忘れてたでしょ？
中学時代から
お笑いが好きではあったけど
〝自分が参加する〟
ようになったのは
高校生になってから
えびす温泉
きっかけは
『えびす温泉』
というバンド勝ち抜き番組
だった
当時私は
番組に出演していた
〝犬神サーカス団〟の大ファンで
犬神サーカス団
彼らが出演する番組主催の
オールナイトライブにも
行ったことがある
これだけは
行かせて
ください
でも
オールナイトは
さすがに…
お願い
します!!
なんでも
します!!

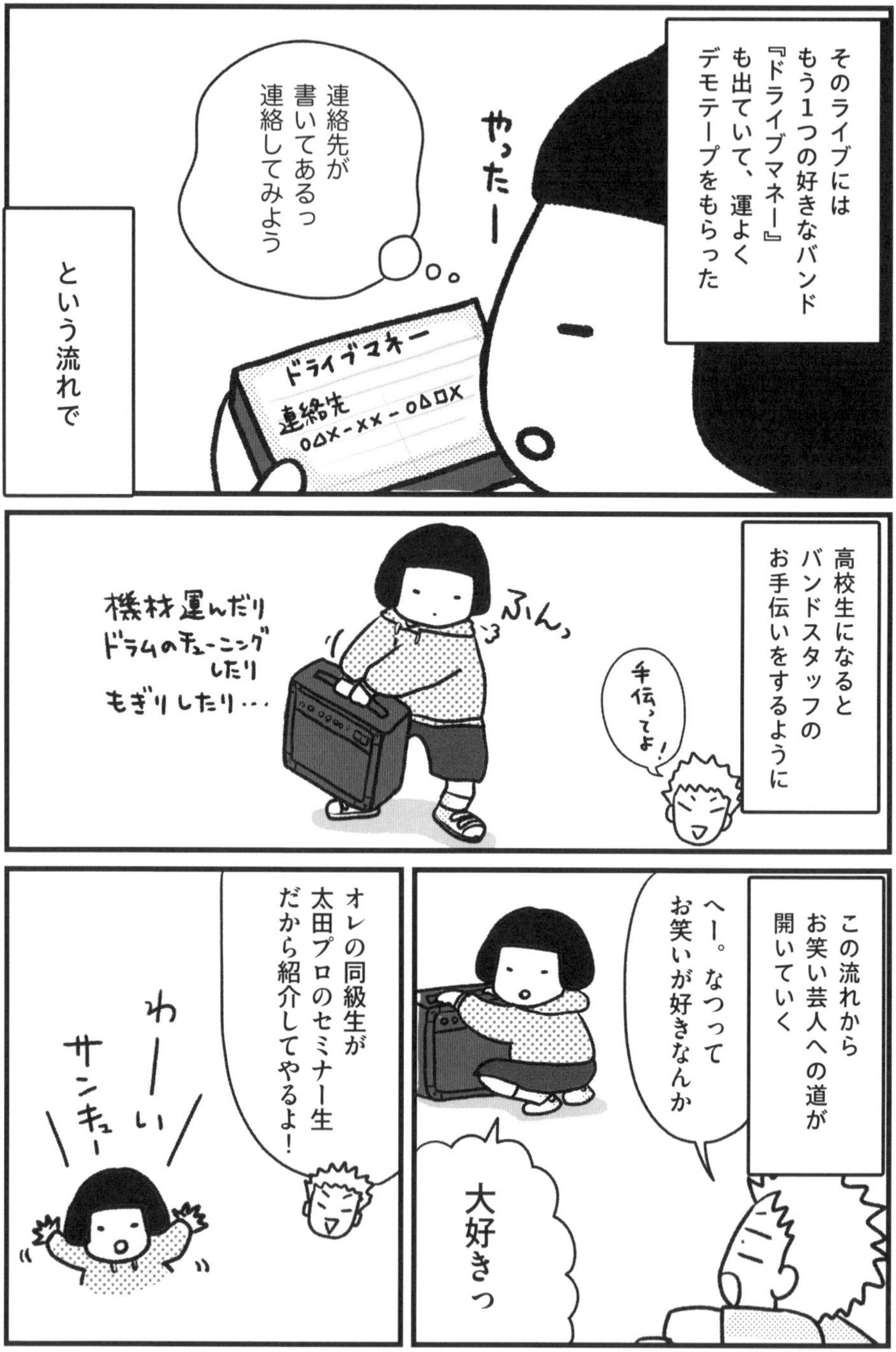
そのライブには
もう1つの好きなバンド
『ドライブマネー』
も出ていて、運よく
デモテープをもらった
やったー
連絡先が
書いてあるっ
連絡してみよう
ドライブマネー
連絡先
0△X-XX-0△□X
という流れで
高校生になると
バンドスタッフの
お手伝いをするように
手伝ってよ!
ふんっ
機材運んだり
ドラムのチューニング
したり
もぎりしたり…
この流れから
お笑い芸人への道が
開いていく
へー。なつって
お笑いが好きなんか
大好きっ
オレの同級生が
太田プロのセミナー生
だから紹介してやるよ!
わーい
サンキュー

高1で
お笑いトリオに加入
一緒にやる？
やる
どーもー
ネタ見せに
参加するようになった

そんなこんなで
お笑いけいこしたり…
ネタ見せして
学校行って…
バンド手伝って
ドリンクあちらで受け取ってください
家には寝に帰るくらい
母
あの子さいきん全然会わないわね…
高校生活は
忙しかった

引き続き、伯父さんちには行っていたが少しだけ変わったこともある
安藤なつ（16歳）
学校に行くために免許とりました
バイク大好き
プパパ…
今月もご苦労さま！
安藤なつさま ○月分
ありがとー
気持ち程度だったと思うけど人生初のお給料をもらった
自分の働きでお金をもらえたっ
じーん…
安藤なつさま ○月分
働いたことへの対価としてお金がもらえるというシステムにときめいた

お！なっちゃん初お給料？
そうなの 何買おうかな～
ウキ
ウキ
ちなみにCDを
電気グルーヴ
たま
買いました
将来のことは考えていなかった
でも、毎日忙しく楽しく過ごしていた

グループホームと特養で学んだのはご本人と家族の思いを叶える介護

特養の施設長（西村さん・仮名）

安藤なつ

特養の施設長
西村さん（仮名）
福祉専門学校を卒業後、特別養護老人ホーム（特養）、介護老人保健施設（老健）に勤務。グループホーム管理者を経て、現在、特養の施設長を務める。

安藤　西村さんは今、特別養護老人ホーム（以下、特養）の施設長というお立場ですが、その前はグループホームの管理者を経験されているんですよね。グループホームってどんなところなのか、特養との違いとか、介護初心者にはイメージしにくいところがあると思うんですが。

西村　一番の特徴は、「認知症の方を対象とした老人ホーム」ということですね。9名が1ユニットになって、お部屋は基本的に個室となっており、部屋を出ると共有スペースがあって、食事をとったり、おしゃべりしたりできるようになっています。こんなユニットが、1つのグループホームに2つか3つ入っています。

安藤　こぢんまりとした感じですね。特養や民間の有料老人ホームは、定員が50人とか100人以上のところが多いですけど。

西村　それから、特養に比べると全体的に自由度が高いですね。例えば食事は、特養だとメニューが決まっていますが、グループホームだと、自分たちで買い物をしたり、やろうと思えば共有のキッチンで入居者が調理に参加することもできるんですよ。

安藤　みんなで料理するって、それは楽しそうですね。

西村　楽しいですよ。僕も以前は、認知症になると料理なんてできないと思い込んでいましたが、違いました。僕が野菜を切っていると、入居者さんに「怖くて見ていられないわ。私がやるから包丁貸して！」なんて言われたりしますよ（笑）。

安藤　それがまた、すばらしい包丁さばきなんでしょうね。

西村　そうそう。花を生けるときも表情がキラキラしていたりして。「できないことを探す」のではなくて、「できることを見つける」ことが大切なんだと、入居者さんに教わりました。

安藤　人生の大先輩ですからね。これまで生きてきた経験を生かせるって、めちゃめちゃいいことですよね。

西村　あるおじいちゃんは、「夜勤は大変だろ」と、トイレットペーパーをきれいにたたんで僕にくれたんですよ。身体は衰えても、思いやりの気持ちは忘れてない。「ありがとうございます！」とお礼を言ったら、すっごくいい笑顔になってくださいました。

安藤　自分がしたことで人が喜んでくれる、誰かの役に立つってうれしい。それは認知症になっても誰でもそうですよね。とはいえ、入居者さんの認知症のレベルもいろいろでしょうし、どなたに何ができるか、そこはスタッフさんの考えどころですね。

西村　事故があってはいけませんからね。包丁の刃側を持とうとするような方もいますから。

安藤　身体をどのくらい動かせるかも判断しなくてはいけませんよね。専門用語で「アセスメント」というのでしたっけ？　介護福祉士の資格試験のために勉強しましたが、いろいろなことを考慮しないといけなくて、難しかったなぁ。

西村　アセスメントはグループホームに限らず、介護全般に必要なことですが、その方の以

column

前の職業とか趣味、性格などの情報も大事です。学校の先生だった方は、「先生！」とお呼びするとシャキッとされたりしますしね。入居前にご家族にヒアリングしますが、何でも教えていただきたいです。ちょっとした情報が声かけのヒントになりますから。

安藤　今日はお風呂に入りたくないとか、食堂に行くのがおっくうとか、そんなときに、どうお声かけしたらいいか、ヒントになりますよね。私が中学生のとき、伯父の施設で、認知症のおばあさんを朝起こして、着替えてもらって食堂に連れて行くというミッションがあったんですが、うまくいかなくて。どうしたら着替えてもらえるか、子どもながら、あの手この手と、めちゃめちゃ考えました。

西村　すごく頭を使いますよね。介護の仕事って肉体労働だと思われがちですが、実はすごく頭を使う仕事だと思います。

安藤　別のキャラクターになって話しかけるといいのかなとかね。孫キャラでダメならいったん居室から出て、「おはようございまーす」とお友だちキャラで再トライしたりして。

西村　ハハハ！　いったんその場を離れるのはいいですよね。最初のキャラクターは忘れてしまっているという、認知症ならではの状況を利用するのも、全然アリだと思います。

安藤　それで気持ちよく食堂に向かってもらえれば、食事もとってもらえますからね。

西村　そこは大事です。食事、入浴、排泄、どれもできなかったら、命に関わりますよね。先日、施設のスタッフとも話をしたんですが、僕らがここでやっていることは、皆さんのかけがえのない命をつなぐ仕事なんだよねと。

安藤　責任重大ですよね。今、お仕事をされている特養の入居者数はどのくらいですか。

西村　現在１６０人くらいです。１ユニットに10の個室と専用の共有スペースがあって、これが16ユニットあります。

安藤　特養というと、どこか閉鎖的というか、朝起きて食事して歯みがきしてお茶飲んでと、そんな毎日を繰り返しているイメージがあります。西村さんが施設長として、気を付けていらっしゃることはなんでしょう？

西村　確かに生活が単調になりがちですが、僕らもそうだけど、スペシャルな日ってあるじゃないですか。なので、外食したり、遊園地に行ったり、外出する機会をなるべく作るように心がけています。入居者さんの希望があれば、なんとか叶えたいですしね。外出は人手がいるので、スタッフの調整など、これもまた頭を使うんですよ。

安藤　伯父の施設でも、利用者さんと公園へ行ったり、喫茶店に行ったりしていましたが、私自身が単純に楽しかったです。

西村　スタッフがつまらなそうでは、楽しい時間になりませんよね。こちらの対応しだいで、皆さんの表情がよくなりますから、それが何よりのやりがいかなと思っています。

安藤　すっごくわかります！

西村　特養は国の施設なので、収入源は国から出る介護報酬のみで、それは入居者数で決まってしまいます。なので運営する立場としては、その中でいかに工夫するかが問題。施設のカラーも、運営側の考え方によって、どこを重視するかが決まってくると思います。

安藤　西村さんが「いいな」と思うのは、どんなところを重視している施設でしょうか。

西村　職員がきちんとあいさつするとか、施設内が整理整頓されているとかで、職員教育が行き届いているかがわかるかと。そこはなんとかできても、ごまかせないのはにおいですね。アンモニア臭が強いところは、排泄物の処理はどうしているのかなと僕は気になります。

安藤　ご家族との関係も大事ですよね。

西村　ご家族は、ご本人が施設でどんな生活をしているか心配だと思います。そんなご家族の気持ちを支えるのも、施設の人間として当然のことだと考えています。特に看取りのことや延命治療をどうするかなど、ご本人の意思ももちろんですが、ご家族にもお気持ちがあるでしょ

column

う。大切な方をどう見送りたいか施設側とよく話しておくことが大切ですね。うちの特養では看取りまでさせていただいていますが、そうではない施設もあるので、予め確認しておいたほうがいいです。

安藤　いつかはお別れのときがくるんですよね。私は6年前に父を大動脈解離で亡くしていますが、母はまだまだ元気なので、ふだんそんなことは意識していませんが。

西村　実は僕は、いつも皆さんにおすすめしていることがあって。親御さんがお元気なうちにハグしてほしいんですよね。

安藤　ハ、ハグ？　親をですか？

西村　ある入居者さんがうちで亡くなったときに、ご家族の方に言われたんですよ。「今、無性にかぁちゃんをハグしたい。なのに、もうできない。あなたも今のうちに親を抱きしめておきなさい」と。実行までに数年かかりましたが、あるとき父に話したら、照れくさそうにハグさせてくれました。母のほうはというと、こちらの想像をはるかに超えてうれしそうに抱きついてきました（笑）。母の身体は思っていたより小さく感じましたね。

安藤　そういえば、生まれてこの方、親に抱っこされたことはあっても、抱きしめたことはないですね。

西村　安藤さんのお母さんも、今の安藤さんの身体を感じられる機会ってないじゃないですか。もしかすると、お母さんにもハグしたい気持ちがあるかも。

安藤　考えたことがなかったです。うーん、私も実行までは何年かかかるかなぁ……。

西村　そう言わずに、いつかできなくなると思って。明日やってみるとか。

安藤　明日ですか!?　では、抱きしめてみますかねぇ。

Chapter
3

信頼と実績の夜間の訪問介護

高校を無事に卒業しました
祝・卒業
安藤なつ
高校卒業（19歳）
※定時制なので4年間
好きなように生きなさい
よかったよかった

この頃はまだ明確に将来の目標をしぼりきれておらず…
この先お笑い芸人になるのかわからないけどとりあえずやってみっか
――という感じだった

最初に組んだトリオは
1年ほどで解散して
その後、高校で仲良くなった子と
ネタライブに出演していた
ちなみに
このライブには
上京したての
サンドウィッチマンさんや
ムラサキの
どぎついスーツ着てた
流れ星さんも
出てました。
新宿FUーとか
なかの芸能小劇場とかで
やってた
介護のほうはと
いうと……
これからは
ホームヘルパー2級
の資格を持って
いないと
いままでの仕事が
できないんだ
ホーム
ヘルパー2級
?

取得のためには…
ホームヘルパー2級とは正式名称**「訪問介護員2級養成研修課程」**のこと
「訪問介護をするにあたって必要な知識や技術をちゃんと持っていますよ！」と証明する公的資格なんだよ
座学（130時間）
介護業務を行っている施設で30時間の実習を行う
これは長年うちでやってたからすでにクリアだね
ワーイ
注
※2013年4月の法改正以降、ホームヘルパー2級は「介護職員初任者研修」に移行。取得条件や資格内容も少し変わりました。

フーン……
なら取っておくかっ
介護のお手伝いまたしたいし
申し込み…
POST
〒
——というわけで資格を取りました

資格取得後は
スクールで仲良くなった人に
紹介してもらった訪問介護の
仕事をすることになった
車とか
バイクの免許
持ってる？
訪問介護は
複数の家を
まわるから
持っていると
便利よ！
おじさんちは
遠くて
メインのバイトには
しにくかった
のでね……
バイクは乗れたけど
車の免許もとった

昼勤務は
お笑いの活動がしづらくなるから
夜勤務を選択した
ぶぃーん
だけど、これがなかなか
ハードな内容だった

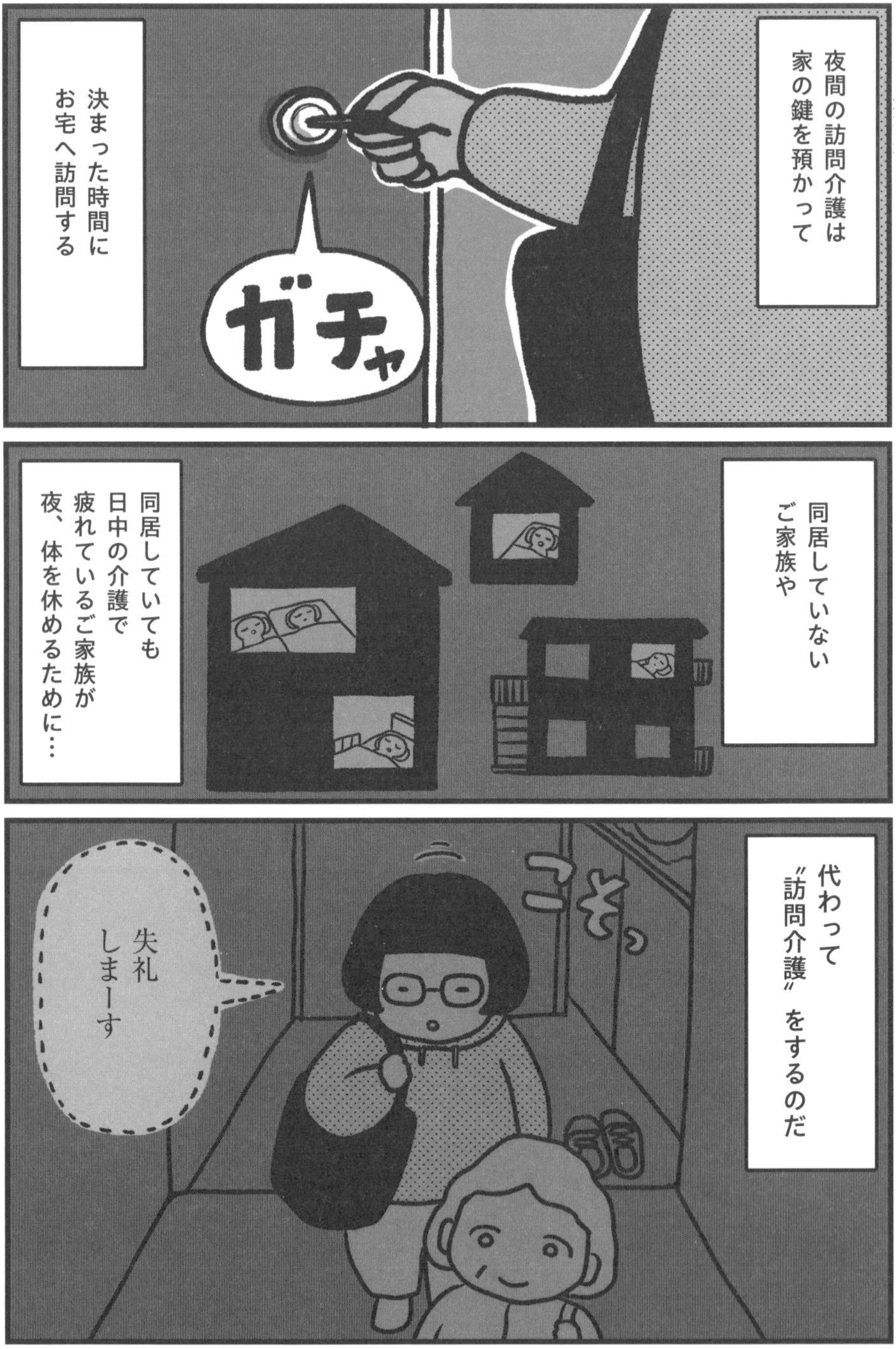
夜間の訪問介護は
家の鍵を預かって
ガチャ
決まった時間に
お宅へ訪問する
同居していない
ご家族や
同居していても
日中の介護で
疲れているご家族が
夜、体を休めるために…
代わって
〝訪問介護〟をするのだ
こそっ
失礼
しまーす

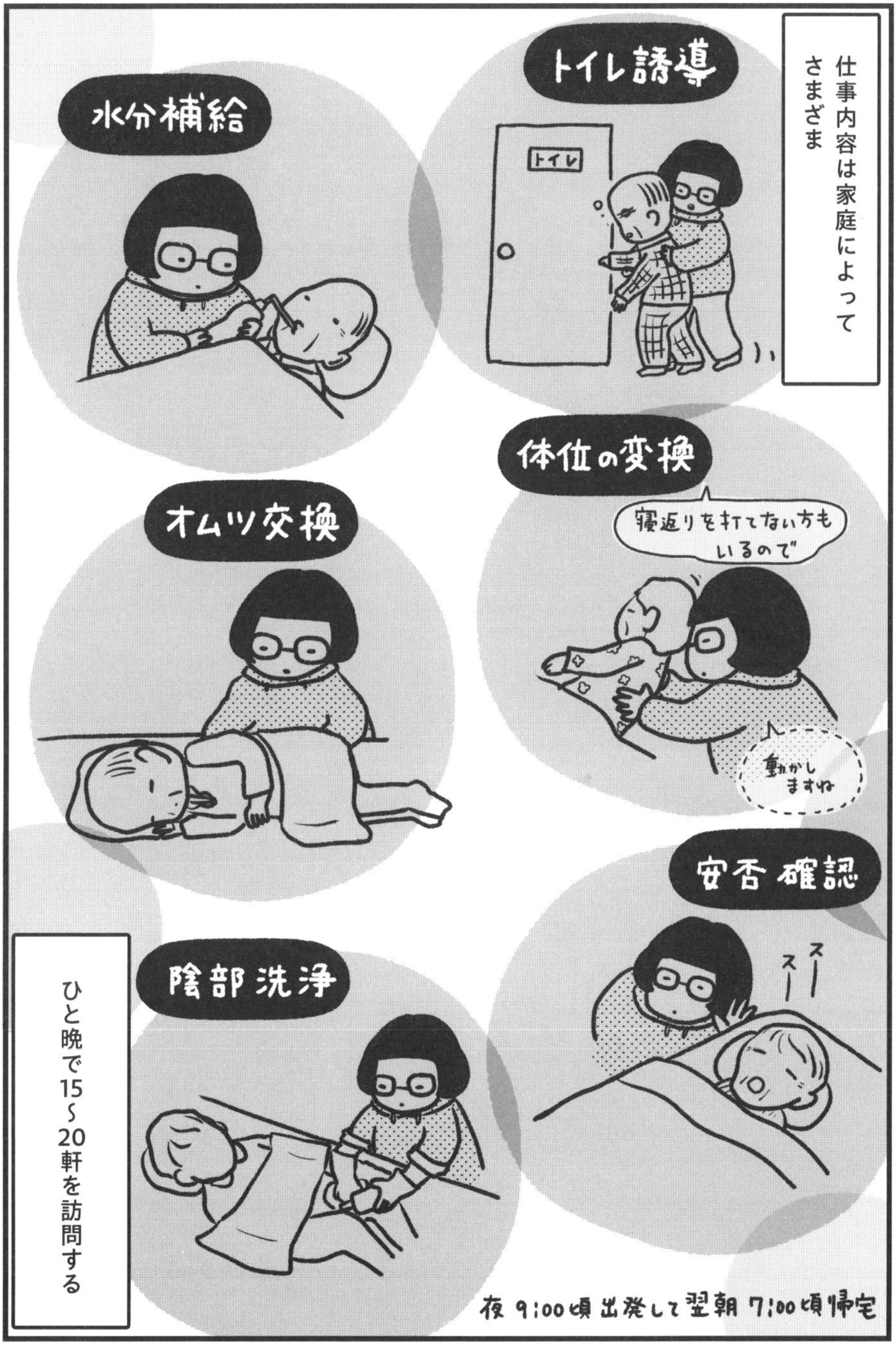
仕事内容は家庭によってさまざま
トイレ誘導
トイレ
水分補給
体位の変換
寝返りを打てない方もいるので
動かしますね
オムツ交換
安否確認
スースー
陰部洗浄
ひと晩で15～20軒を訪問する
夜9:00頃出発して翌朝7:00頃帰宅

仕事を始めたばかりの頃は先輩が一緒についてきてくれるんだけど——
え？
……どうしたら？
今までの経験だけでは通用しない現場に驚いた
例えばオムツ交換をやったことはあったが
利用者さんが寝ている状態でのオムツ交換は段違いの難しさだった
どう難しいかというと……

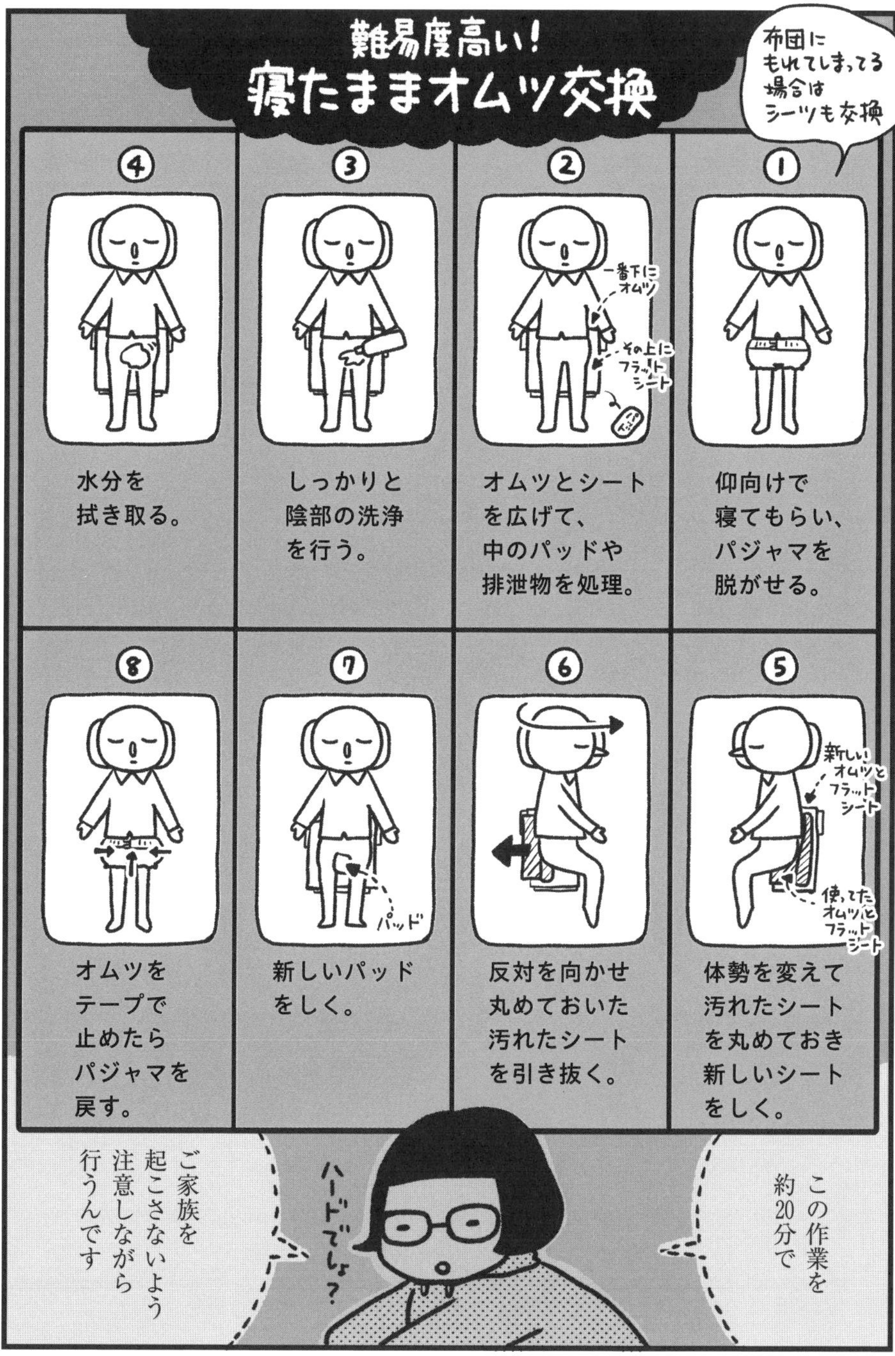
難易度高い!
寝たままオムツ交換
布団にもれてしまってる場合はシーツも交換
①
仰向けで寝てもらい、パジャマを脱がせる。
②
一番下にオムツ
その上にフラットシート
オムツとシートを広げて、中のパッドや排泄物を処理。
③
しっかりと陰部の洗浄を行う。
④
水分を拭き取る。
⑤
新しいオムツとフラットシート
使ってたオムツとフラットシート
体勢を変えて汚れたシートを丸めておき新しいシートをしく。
⑥
反対を向かせ丸めておいた汚れたシートを引き抜く。
⑦
パッド
新しいパッドをしく。
⑧
オムツをテープで止めたらパジャマを戻す。
この作業を約20分で
ハードでしょ?
ご家族を起こさないよう注意しながら行うんです

1番大変だったのは ほんのちょっとのミスが 命取りになってしまうこと
衣類やシーツの シワ１つで 褥瘡（じょくそう） になってしまう
ひどくなると 皮膚がただれて 骨が見えて しまうほど…
だから 衣類も シーツも ピシッと しておくことが とても大事
ピシッ!
シーツに シワなし!
背中に シワなし!!
声かけも大切だ
イチ、ニのサンで 壁側に体勢変えますよ
1、2の
3!
くるっ
先に次の動作を 伝えることで 思わぬ事故を防ぐのだ

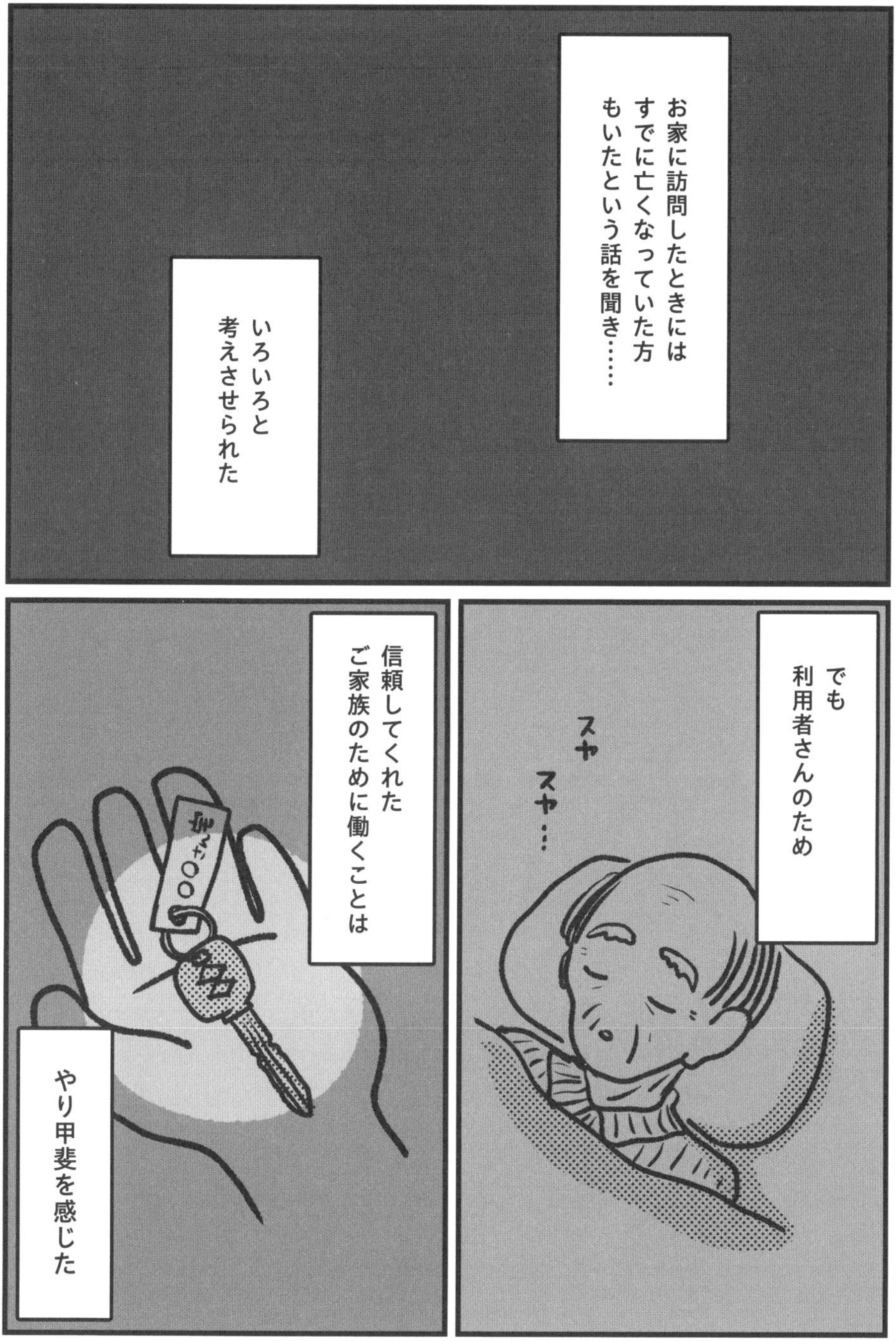
お家に訪問したときには
すでに亡くなっていた方
もいたという話を聞き……
いろいろと
考えさせられた
でも
利用者さんのため
スヤ
スヤ…
信頼してくれた
ご家族のために働くことは
やり甲斐を感じた

認知症のおじいちゃんYさん

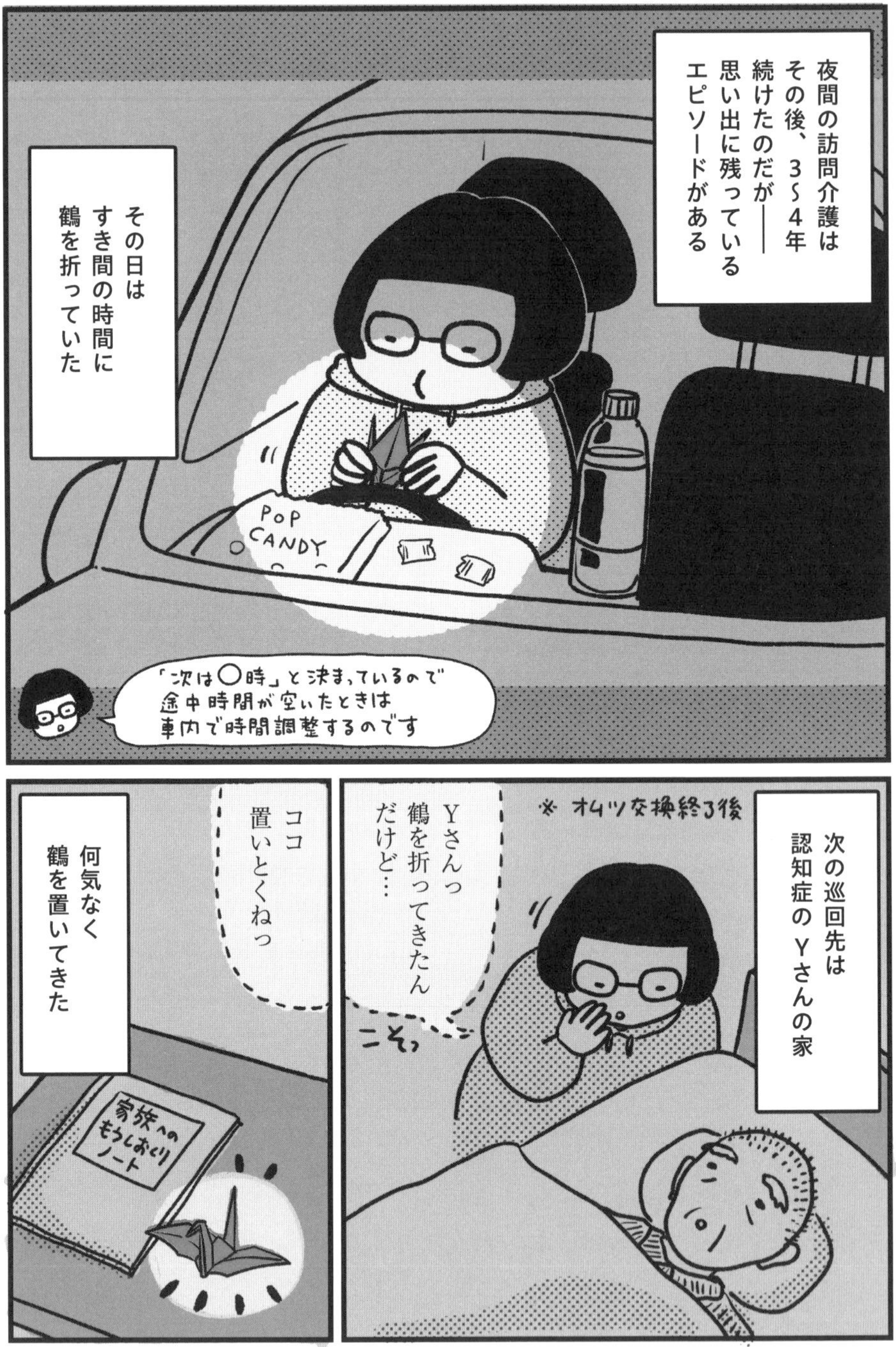
夜間の訪問介護は
その後、3〜4年
続けたのだが——
思い出に残っている
エピソードがある
その日は
すき間の時間に
鶴を折っていた
POP
CANDY
「次は○時」と決まっているので
途中時間が空いたときは
車内で時間調整するのです
次の巡回先は
認知症のYさんの家
※ オムツ交換終了後
Yさんっ
鶴を折ってきたん
だけど…
こそっ
何気なく
鶴を置いてきた
ココ
置いとくねっ
家族への
もうしおくり
ノート

翌週、Yさんのお宅へうかがうと…
キィ
チラシで折られた大きな折り鶴が置かれていて
その隣には
○○介護○○
安藤なつ様
ご家族からの手紙が添えられていた

安藤なつ様
（前略）先日はすてきな鶴を
ありがとうございました。
いやいや そんな鶴一つで……
鶴をいただいた翌日、なんと
父が自分で鶴を折ったのです！
まさかうちの父が
鶴を折れるなんて
思ってもみませんでした。
本当にありがとう
ございます！

何気なく使っている
「ありがとう」
という言葉だけど
こんなに重みのある
「ありがとう」は
はじめてで…
介護職の
醍醐味
ってやつ？
「ありがとう」
しみるわ〜……
大変な仕事ではあったけど
このひと言に
とても救われた

二十歳を迎える少し前…お笑いのほうでも新たな動きがあった
なっちゃんさ、
〝もぎり〟やんね？
トリオ時代に知り合った芸人仲間
『見た目が邦彦』
↑見た目が三田村邦彦さんに似てるのでこの芸名

今度、プロレスやることになったんだけど
受付やってほしいんだよね
※もぎりとは…入り口でチケットの半券をもぎり取る役割を指す

そんなわけでその〝プロレス〟とやらの顔合わせに行ってみると——
お前リングネーム何にする？
西口プロレス
旗揚げメンバー
長州小力

〝もぎり〟で来たんスけど…
女の子だしカワイイ名前がいいよなー
いや、だからもぎ…
よしっ決めた！
今日からお前は
「優香」だ！
このときの長州小力さんのひと言でレスラーデビューが決定した
〝パクリ〟って言われないように〝・〟ドットをつけよう♡
まさかレスラーとしてリングに上がることになろうとは……
人生何が起こるかわからないものだ

デイサービスを幼稚園にしない　誰もが「役割」を持てる環境作りを

グループ一体化推進本部
佐藤さん（仮名）
訪問介護、デイサービス、グループホーム、小規模多機能型居宅介護で介護職、管理職として勤務。現在は、グループ法人間の繋がりを始めとする伴走担当。

安藤　佐藤さんの経歴を拝見すると、デイサービス、訪問介護、グループホーム、小規模多機能型居宅介護とすごく幅広いですね。「親の生活がアヤシイ」となったときに、デイサービスから介護保険を利用し始める方が多いと思います。そこで佐藤さんには、主にデイサービスについてお話をお聞きしたいと思っています。

佐藤　デイサービスは日帰りで、自宅間の送迎もあるので利用しやすいですね。朝から夕方までの間に、昼食のほか、体操やレクリエーションをする時間が設けられているのが一般的です。入浴施設のあるところでは、希望者に入浴介助も行っています。

安藤　介護保険の日帰りサービスには、「デイケア」というのもありますよね。

佐藤　ええ。デイケアでは主に理学療法士、作業療法士、言語聴覚士等によるリハビリなど、身体機能の維持や生活機能の向上を目的としています。比較的、短時間での利用が多いです。

安藤　デイサービスは、どんなきっかけで利用を始める方が多いのでしょうか。

佐藤　多いのは、在宅介護で、同居する家族が仕事に行っている間に親をひとりにしておくのが心配とか、自分で出かけるのが難しくなって、家にこもりがちだから外に出る機会を作りたいという場合ですね。自宅での入浴が難しくなって、入浴介助を目的として利用される方も多いです。

安藤　そうなると、ご自分から「デイサービスに行きたい」とおっしゃる方は……。

佐藤　やはりご家族の希望や、ケアマネジャーのすすめでという場合がほとんどかと。

安藤　「親にデイサービスに行ってほしいのに本人が行きたがらない」という話をよく聞きますが、「親が行きたいというまで待とう」というのは難しそうですね。

佐藤　あまり期待できないかもしれませんね。でも「行きたがらない」というのは、デイサービス側も考えなくてはいけないところなんです。実は、デイサービスに初めて携わって1年経った頃、法人内に和田さん（前出の和田行男さん）という介護福祉士が入ってきましてね。

安藤　和田さんとは、先日いろいろお話しさせていただきました。

佐藤　その和田さんが、うちのデイサービスに来るなり、「楽しそうだねぇ、高齢者の幼稚園みたいで」と言うんです。最初はカチンときましたが（笑）、確かに「今日はみんなで塗り絵をしましょう」と施設側の決めたプログラムを基本にやっており、それって本当に本人にとって望んでいることだろうかと考え、あらゆることを見直しました。まずは掲示物から。

安藤　施設の窓に折り紙で作った桜やあじさいが貼ってあるのは、確かに幼稚園っぽい？

佐藤　そうですね。なので、習字の作品も画用紙に貼って「掲示」するのではなく、額に入れ1つの作品として「展示」することを意識しました。レクリエーションも、カラオケにするか散歩にするかなど、日々、利用者さんと考え、選択できるようにしました。そのときの選択肢には必ず「何もしたくない」というのを入れて。

安藤　「何もしない」ってすごくいいですね。誰だって、何もしたくないときってありますよ。私がいた伯父の施設でも、公園組、喫茶店組、室内組と選択できました。室内組は自由で、何もしない人もいました。

佐藤　いいですねぇ。でも「何もしない」からといって、実際に何もしないわけではないんです。「何もしない」を選択した利用者さんには、他フロアにくつろげるドリンクコーナーを用意しました。そこでは器（湯呑・ティーカップ等）を選ぶ場所、飲み物（茶・コーヒー・紅茶他）を選ぶ場所、砂糖やミルクを入れる場所をフロアの四角に設置し、必然的に「歩く・移動する」ようにしたんです。

安藤　飲み物を飲めば、カラオケを選んだ人より、運動量は多くなりそうですね。

佐藤　いつのまにかね（笑）。それから、施設のスタッフって行事企画や演出が好きなんですよね。でも、人って受け取る側より、渡す側の方が〝喜び〟をたくさん感じているんじゃないかと。そう思って、行事は企画段階から利用者さんを巻き込んで行うようにし、「〇〇の企画を考えているんだけど、協力してもらえないですか？」とお願いすると、イキイキと動いてくださるんです。

安藤　自分が活躍できる、責任があるって生きていくうえで大事なことなんですよね。

佐藤　将棋を教えられる人は、他の人に教えられる場を作るとかね。歳をとって、動くことがおっくうになっている方に、こちらがセルフでやるようにお願いすると、「やってくれないのか」という反応もあります。ですが、「トイレだけはこの先も自分で行きたい」ともおっしゃる。その願いを叶えるためには、本人の能力を維持、向上していけることが大切。楽しいという〝だけ〟の場であってはならないと思います。

安藤　そう考えると、デイサービスでも、まだまだいろいろな工夫ができそうです。

佐藤　以前、「ここがヘンだよ！ デイサービス」

と題して、疑問を箇条書きにしてみたことがあります。例えば、「自宅では自分でお茶を入れられる方でも職員が入れる」「リハビリといって体操するのに、トイレに行こうと歩き出そうとすると危ないからと車椅子で移動する」「デイサービスの利用が増えたことを喜ぶ職員」とかね。

安藤　実際にはいろいろな施設があると思うのですが、本当に本人のためによい、本人に合った施設を探すためのポイントはありますか。

佐藤　まずはご本人とご家族で見学をされるとよいですね。たとえ認知症の状態があったとしても、本人に判断能力はないと決めつけず、表情や反応でわかることがあると思います。一見ワイワイと楽しそうに見えても、「にぎやか」ならいいのですが、「騒々しい」と感じてしまうようでは落ち着きませんよね。

安藤　なんとなく落ち着くとか、うるさいとか、そういう雰囲気は伝わりますよね。

佐藤　逆にシーンと静かだったらよいのかというと、そうとは限らないと思います。問題なのは「なぜシーンとしているか」の理由ですね。利用者さんが何かしようとしたとき、「アブナイでしょ！」とスタッフが飛んでいくような雰囲気で、皆さんが畏縮してしまっているようでは、いくらリスク管理のためとはいえ、いかがなものかと思います。

安藤　規模としても、一日に数十人が利用するような大規模デイサービスもあれば、10人以下の小規模デイサービスもありますよね。

佐藤　一人ひとりのニーズに応える細かいフォローは、小規模のほうが行き届くかと思います。ですが、例えば、人数が少ないなかに、一人だけ運動機能が追いつかない、身体にマヒがあるような方がいらっしゃる場合、まわりに気を使って畏縮してしまう方もいらっしゃいます。そういった場合、大規模であれば、余計な気を使わずにすむかもしれません。

安藤　健康状態も人それぞれだし、性格も趣味も、これまでの人生も違いますからね。

佐藤　同じデイサービスでも、施設それぞれのルールの違いもあるかもしれません。そのルールに疑問を感じたら、担当者に理由を聞いてみてください。しっかり説明してもらえるところはいいですね。うちもけっこう独自にやり方を工夫していますが、今までお話ししたように、利用者さんが必然的に動けるようにするとか、自身の存在価値が高まる機会を作るためとか、一つひとつに意味をもってのやり方であることを説明させていただいています。

安藤　私も介護関係の取材を受けることがあるんですが、「安藤さんが施設を作るなら、どんな施設にしたいですか」とよく聞かれます。私は音楽が好きなので、音楽の好みで生活の場を選べるといいなと。棟ごとにメタル、テクノ、Jポップに分かれているとか。音楽の好みって、その人の傾向が出るじゃないですか。

佐藤　おもしろいですね（笑）。確かに好みや嗜好が合えば、共同生活も楽しいでしょうし。

安藤　好きな音楽を聴くと、テンションが上がって元気が出ますよね。年をとって少し頭がぼんやりしても刺激になるし、歌うことが好きならもっと楽しいかと。音楽に興味がない人のために静かな棟も必要ですが。

佐藤　私も常々、ひな祭りだからといって、「明かりをつけましょ……」と歌って、本当に皆さんは楽しいのかなと思うんですよ。

安藤　季節を感じることも大事ですが、私もひなあられがあればいいかな（笑）。将来、私の世代がおじいさんおばあさんになったら、施設でBGMにJポップをかけて、「キングヌー*よかったよねぇ」なんて盛り上がれるといいなと思ったりしてます（笑）。

*キングヌー（King Gnu）…2019年にメジャーデビューした日本の4人組のロックバンド。

Chapter
4

ある日の
オムツ交換

続いて、赤コーナー
身長170センチ…
※マットレス↓
体重130キロ…
バーン!
"どすこいロリータ"こと
優香.(ゆうかドット)〜!
リングネーム『優香.』こと
安藤なつ(20歳)

お笑い芸人による
お笑いプロレス
『西口プロレス』
WEST GATE WRESTLING FEDERATION
WGWF
西口プロレス
三箇条！
安全第一！
筋肉禁止！
台本重視！
小劇場での
〝プロレスごっこ〟から
スタートしたが――
手作り感まんさい！
中に
ありったけの布団を入れて
作った布団マット
布団マット、
痛くなくていいんだけど
つまづくんだよね……
口コミで徐々に
お客さんが増え
おもろいから
行こ！
さらに2005年
長州小力さんの
ブレイクで火がつき
アハハ〜
あれよあれよと…

ウォーーン
2006年、後楽園ホールで開催されるほどに成長したのだ
プロレスの聖地!!
まさか後楽園ホールでプロレスすることになるとは……
必殺技
ドミノプレス
西口プロレス以外にも——
この頃には「安藤なつ」で活動していた。
(西口プロレスでは9年間活動。最後は引退試合もさせてもらいました)

個人のお仕事も
いただけるようになり
ドラマ出演
バラエティ出演
芸人としての仕事が
少しずつ増え始めた
そんなとき——
人手が足りなくて
手伝いにきて
くれないかな？
伯父さんから
連絡をもらった
安藤なつ
（25歳）

伯父さんち……手伝いたいけど家から通うには遠いんだよな…
電車で1〜2時間
（実家住まい）
どーすっかな
そうだっ

伯父さんちに通えるよう実家を出て都内に引っ越すから
一人暮らしができるお給料をくださいっ
――と交渉
おじさん

わかった！
その代わり
頼むよ～
やったー
晴れて
都内での生活がスタート
♪～
バイク移動
楽～
芸人として
仕事をしながら
介護の仕事もする日々
この生活は M-1前日まで
続いた

夜間の訪問介護を
経験したからなのか
古巣での仕事では
ちょっと
感慨深いな
自分でも
成長を感じた
そんなある日
夜間のオムツ交換
でのできごと
Sさん
オムツ交換
しますね〜

Sさ…
パチッ
……
…Sさん？
じぃぃぃぃっ
……ば
ば？
ばっ

バケモノオォォッ

みんな起きてちょうだいっ
バケモノがバケモノがいるのよぉぉ
こういうときは慌てず騒がず
キエ〜
バケモノ〜ッ

そうなんでス～
向こうの山から来ましたバケモノなんでス～
分からないんで色々教えてもらっていいですかー？
〝のっかる〟ことにした
みんな寝ているみたいなんで〝おしも〟だけ取り替えさせてもらってもいいスかー？
バケモノが取り替えてくれるの!?
そーなんスよー山でもオムツ交換の練習してきたんでまかせてくださいっ
あらっそうなの!?……じゃあ
バケモノ相手（?）でも受け入れてくれることがうれしかった

別の日には…
秋場所は出ないのー？
残念ながら今年は出ないんスよー
ごっつぁんです！
相撲取りと間違えられたり
ときには物を投げられたり
あっちいって！
叩かれたりしたこともあったけど
キィ〜〜ッ
ベシッ
あいてっ
そういうのって傷ついたり
嫌な気持ちになったりしないの？
そんなことは一切なく

何かされたとしても
その人なりの背景や
理由があるから
私が怒ったり
傷ついたり
することはなかった
今日は
誰になるんだろっ

そんな感じで
介護もお笑いも
順調にやっている
と思っていた矢先——

当時の相方に
「解散したい」
と告げられた

順調だったのに…
なんで……
これまで流れに身を任せて
やってきたけど
ようやく本気になれる
ものが見つかったと
思っていただけに
正直、キツかった

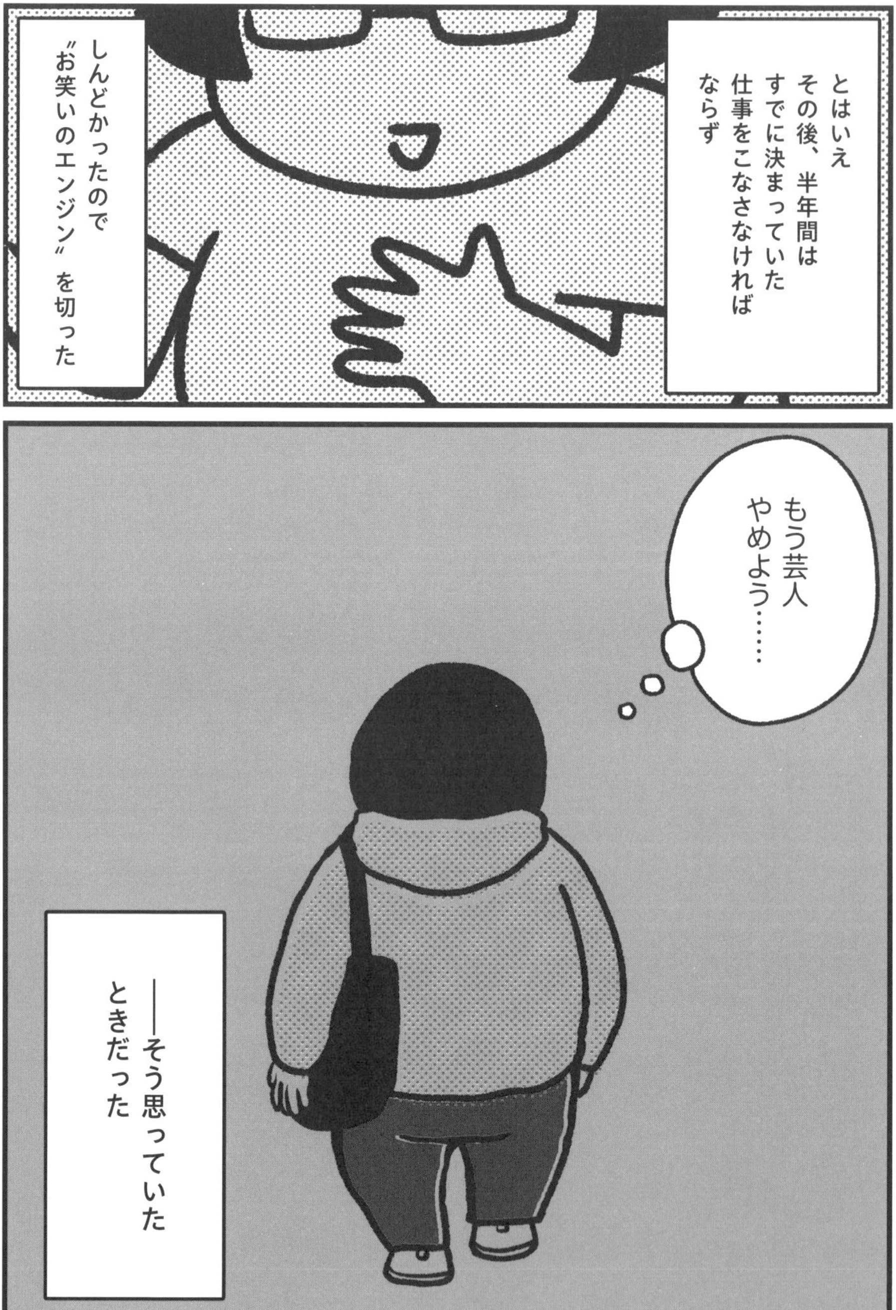
とはいえ
その後、半年間は
すでに決まっていた
仕事をこなさなければ
ならず
しんどかったので
〝お笑いのエンジン〟を切った
もう芸人
やめよう……
——そう思っていた
ときだった

安藤さんっ
オレとコンビ組んでくださいっ
同じ事務所の後輩（当時）ピン芸人 カズレーザー
全身真っ赤な服をまとった
金パツ オールバックに 声をかけられた

週に数時間の訪問介護でも第三者が介護に加わることが大切

ともに、サービス提供責任者

石井さん（仮名）

2004年大起エンゼルヘルプ豊島ケアセンター配属。2009年介護福祉士取得し、2011年サービス提供責任者として登録され今に至る。入社時より、同じ訪問介護の職場で約20年勤務。

澤田さん（仮名）

2012年大起エンゼルヘルプ豊島ケアセンターに新卒として入社。2015年練馬ケアセンターに異動し、2016年介護福祉士取得。2017年サービス提供責任者として登録され今に至る。現在は、夜勤中心の勤務。

安藤　私は9年前にM－1グランプリに出場する前日まで、夜間の訪問介護の仕事をしていたのですが、それ以来現場を離れています。なので、訪問介護の現役バリバリのおふたりに、今の状況についてお話をお聞きしたいと思っています。今、どんな形でお仕事をされているか教えてもらえますか。

石井　利用者さんのお宅にうかがって、さまざまな援助や介助をするんですが、僕が担当しているのは、オムツ換えや買い物、移動支援、散歩の付き添いなどです。「何曜日の、何時にうかがって、何をするか」というのは、すべてケアプランに従って行います。

安藤　ケアプランとは、介護サービスを利用するにあたって、必要な計画のことですよね。

石井　はい。予めご本人とご家族とケアマネジャーさんを中心に話し合って、いつ、どんな援助が必要か、細かく設定されています。1回の訪問時間は、だいたい30分とか1時間単位で、次々とお宅を訪問していきますが、僕は今、朝

9時から始めて、夕方6時くらいに事務所に戻るという流れです。

澤田　僕は夜間がメインで、時間にすると夜17時から朝9時まで、16時間勤務になります。訪問先の数は、1日に同じお宅を複数回まわるのも含めれば、多いときで15か所。少なければ10か所くらいでしょうか。見守りと安否確認を含め、オムツ交換やトイレ誘導など、身体介護をメインに支援しています。

安藤　ハードですね。私は高校卒業後に夜間の訪問介護に入ったのですが、夜中にご家族を起こさないよう、静かに玄関から入って、利用者さんに負担のないようにオムツ換えをするって、最初はめちゃめちゃ緊張しました。

澤田　僕もそうでしたよ。一人で訪問するので、利用者さんに何かあったらどうしたらよいか、自分でとっさの判断をしなくちゃいけない。訪問看護師さんに連絡するのか、救急車を呼ぶ必要があるのか、冷静に判断できるスキルも必要ですからね。

安藤　夜間の介護で印象に残っているのは、認知症のおばあちゃんのオムツ換えのときに、「バケモノ！」と驚かれちゃったときのことですね。考えてみれば、夜中に暗闇から人が現れたら、「そりゃ、バケモノだよな」と思って。それで「山から下りてきたばかりで……」とか話にのっかりつつ、「おしもだけ換えさせてくださいね」と話しました。

澤田　そうそう、とっさの切り返しが大事。あわてたり、話を否定したりすると、相手も不安になりますからね。僕もよく、話にのっかっていきますよ。

石井　仕事なので、何を言われてもミッションを果たさなくてはいけないのはもちろんですが、それだけではつまらないなとも思うんですよ。人と人との関係ですからね。利用者さんと楽しく話をしたいなぁと、いつも考えています。最初はつっけんどんな方が、回数を重ねるうちに打ち解けてくださると、すっごくうれしいんですよ。

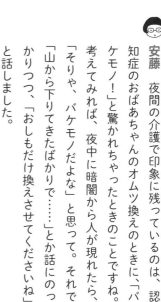

安藤　利用者さんの気持ちを考えれば、どうしても羞恥心がありますよね。私も研修で、オムツをして排泄するという経験をしましたが、やはり恥ずかしかったです。

澤田　僕もそうでした。なので、排泄処理の間などは、敢えて全く別の話をします。「今朝はこんなことがあって……」などと、おしゃべりするうちに終わっている、みたいな。そのためには、できるだけ皆さんの興味をひくような話題を探しますね。訪問介護だと、家の中にたくさんヒントがあります。ご本人の軍服姿の写真が飾ってあったりしたら、戦時中の話をふると、たくさん話してくださったりします。

安藤　意識を他へ向けてもらえるといいですね。ただ介護職の人間は、そうやって冷静になれますけど、ご家族だといろいろな感情が湧いてきて、なかなかうまくいかないという話も聞きます。

石井　ご家族は大変ですよ。我々がうかがうのは週に数時間ですが、同居の場合は1日中ですし、別居でも心配は尽きないでしょう。

澤田　だからこそ、数時間の訪問によって、利用者さんはもちろん、ご家族の生活全般がどう変わったかが大事だと思っています。例えば、歩行や食事の様子からリハビリや医療が必要ではないかと気づいたら、訪問リハビリや医師の診療など、専門家につなげることができます。その結果、歩けなくなって落ち込んでいた方が、また歩けるようになって気持ちが上向きになるとかね。なので、訪問介護のこと以外も、どんどん相談していただきたいです。

安藤　利用者さんも初めてのことで、戸惑うことが多いでしょうからね。介護サービスも細かい決まり事があって、だれに、何を、どこまで頼めるのか、判断が難しいところもあるのだと思います。

澤田　訪問介護には掃除や洗濯などの家事をする生活援助と、オムツ換えや入浴介助などの直接お身体にふれて行う身体介護があります。どちらで契約するかで大きく違いますね。何でもお願いできるわけではなく、利用者さんのニーズによって予めケアプランを決めておくことになります。

安藤　私も訪問介護で買い物に行くことになっていたのに、利用者さんに「行かなくていいから、お茶でも飲んでゆっくりしていって」と言われたり、ケアプランにないことを頼まれたりして、戸惑った経験があります。

石井　〝訪問介護あるある〟ですね。そんなときは「これやらないと怒られちゃうので」と、なんとかお願いするしかない。決まりごとについては、ケアプランを作る前提として、予めケアマネジャーさんなどからご家族に説明があるはず。でも実際にスタートすると、うまくいかないこともある。

安藤　「あの介護士さんはやってくれたけど、この人はやってくれない」となると、ルールに従った方のほうが悪く言われかねませんよね。そこは利用者さんにもご理解いただきたいところですね。

石井　「訪問介護」と、看護師さんが訪問して医療行為をする「訪問看護」の違いもあります。原則的には、医療行為とされるものは訪問介護ではできません。でも最近は、介護士でもできるケアが増えてきました。例えば、痰の吸引や、胃ろうや経鼻栄養などは、以前は医療従事者か家族しかできなかったのですが、２０１１年の法改正で、研修を受ければ介護士でも可能になりました。

澤田　細かい話になりますが、爪切りは介護士でもできますが、巻き爪がある場合は医療従事者しかできない。人工肛門のパウチにたまった排泄物の処理はできるけど、人工肛門の装置そのものの交換はできないとか。ややこしいですよね。ですから、迷ったことや困ったことは何でも話していただいて、我々を上手に使っていただけたらと思います。

安藤　コミュニケーションを通して、利用者さんやご家族が抱いている疑問や不安を解消してもらえたら、何よりうれしいですよね。

石井　僕は以前IT業界にいて、指示すればその通りに動くコンピュータを相手にしていたんですが（笑）。介護の仕事って、「ありがとう」と言われることがすごく多い。それって素敵なことだと思うんです。

澤田　僕も、この仕事を続けているのは、「ありがとう」の積み重ねがあるからですよ。

安藤　お世辞や社交辞令ではなく、本心からおっしゃってくださっていると伝わってきますよね。それがシンプルにうれしい。

石井　介護の仕事って、マイナスイメージばかりが表に出がちじゃないですか。でも、苦労がありつつも、人のために自分の専門性を役立てるって、やりがいがある。今回、安藤さんとお話しして、安藤さんのような方が介護について発信することで、負のイメージがなくなるといいなと思いました。

安藤　ぜひ、そうしていきたいです。それに、責任のある仕事に見合った収入をもらえるようにしなくてはと強く感じています。介護職の離職率が高いと、結果的に、利用者さんに十分なケアをしたくても、できなくなってしまうんですよね。

石井　うちの会社では、責任者手当とか夜勤手当とか、各種手当も設けられてはいますが、まだまだです。

澤田　介護報酬はどうしても国しだいになってしまうんですが、安藤さんには、そこのところも、どんどん発信してもらいたいですね。

安藤　まだまだこれからですが、頑張ってみようと思っています。

Chapter
5

M-1前日まで続いた夜間勤務

Saizerima
サイゼリマ
Saizerima
サイゼリマ
ごめんなさい
私、もう…
芸人辞めようと思ってるんです
…あ～ハイハイ…
…まぁまぁまぁ
ありますよね～辞めたくなること
ちょっとジュース取ってきます
話、続けててください
は?

…で！
何でしたっけ？
…だから芸人辞めようと思ってて
あなたとコンビを組むとか考えられないんです
それはこっちもですよーボクもまだ何も見えていません！
お互い様じゃないですかー
わかりますよっ芸人を辞めたい、うんうんうん…そういうのありますよねー
えっと
だから…
おかわり取ってきますねー

話が通じねぇっ
なんだコイツは……
今、思うと……
アレはカズの作戦だった気がする
なんやかんやして私を煙に巻くっていう……

その後も何度断っても誘われ続け……
不完全燃焼な思いもあるしな…
※別の日
…わかりましたコンビ組みましょう

2012年 メイプル超合金 結成！
やった〜!!
キャラが渋滞してるよね…
濃いキャラ同士どう混ぜるべきか
安藤なつ（31歳）
でもまぁお互いにかけてみようじゃないかっ

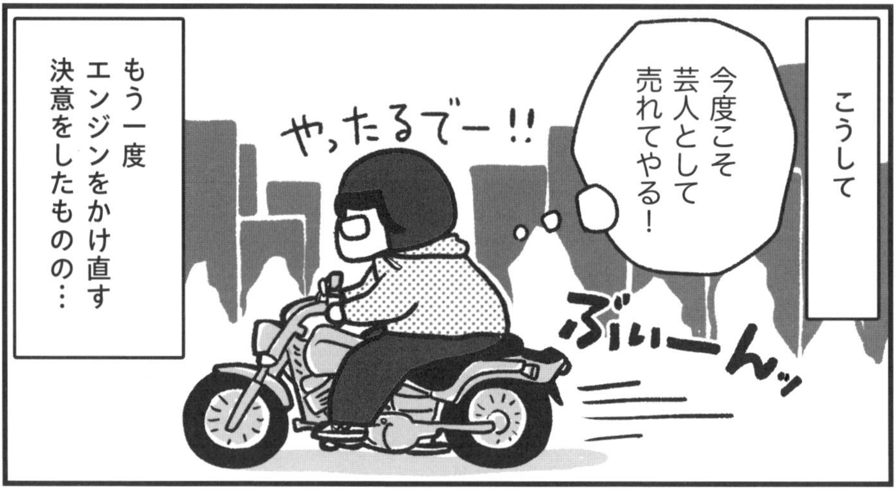
こうして
今度こそ芸人として売れてやる!
やったるでー!!
ぶいーんッ
もう一度エンジンをかけ直す決意をしたものの…

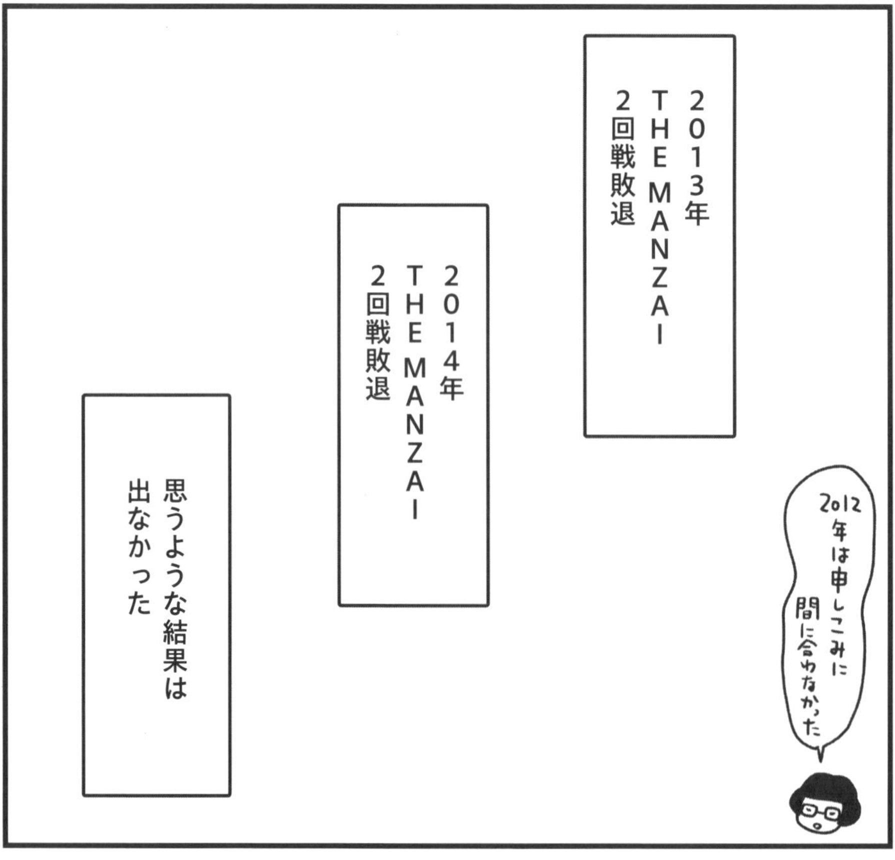
2013年 THE MANZAI 2回戦敗退
2014年 THE MANZAI 2回戦敗退
2012年は申しこみに間に合わなかった
思うような結果は出なかった

何で決勝に手が届かないんだろうなー
オムツ交換しますねー
あと一歩な気がするのに…
——こんなときは
神頼みだ
どうか芸人としてブレイクさせてくださいっ
ブレイクするまで大好きなバイクも絶ちますっ
かの有名な『男はつらいよ』シリーズの寅さんをマネて願掛けをした

2015年
なつさんっ
M-1が復活するらしいっすよっ

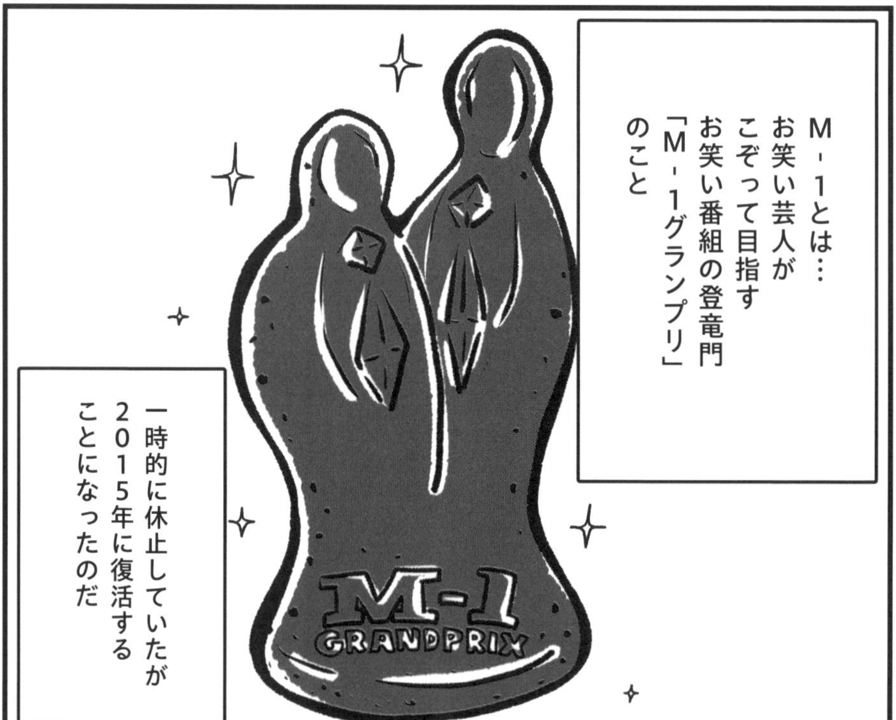
M-1とは…お笑い芸人がこぞって目指すお笑い番組の登竜門「M-1グランプリ」のこと
M-1
GRANDPRIX
一時的に休止していたが2015年に復活することになったのだ

M-1にエントリーしてからは今まで以上に自分たちを追い込んだ
毎日ライブに出て……
※プラス介護の仕事もしている
次は今ノリにのっている二人!!
あそこをこう変更して…
(がなり中も打ち合わせしていたことも……)
ここウケたから広げましょう
分かった!
ネタをブラッシュアップ
その結果――
決勝進出組を発表します
〇〇番~…
〇〇番~…
エントリーナンバー
878番
メイプル超合金
878
878

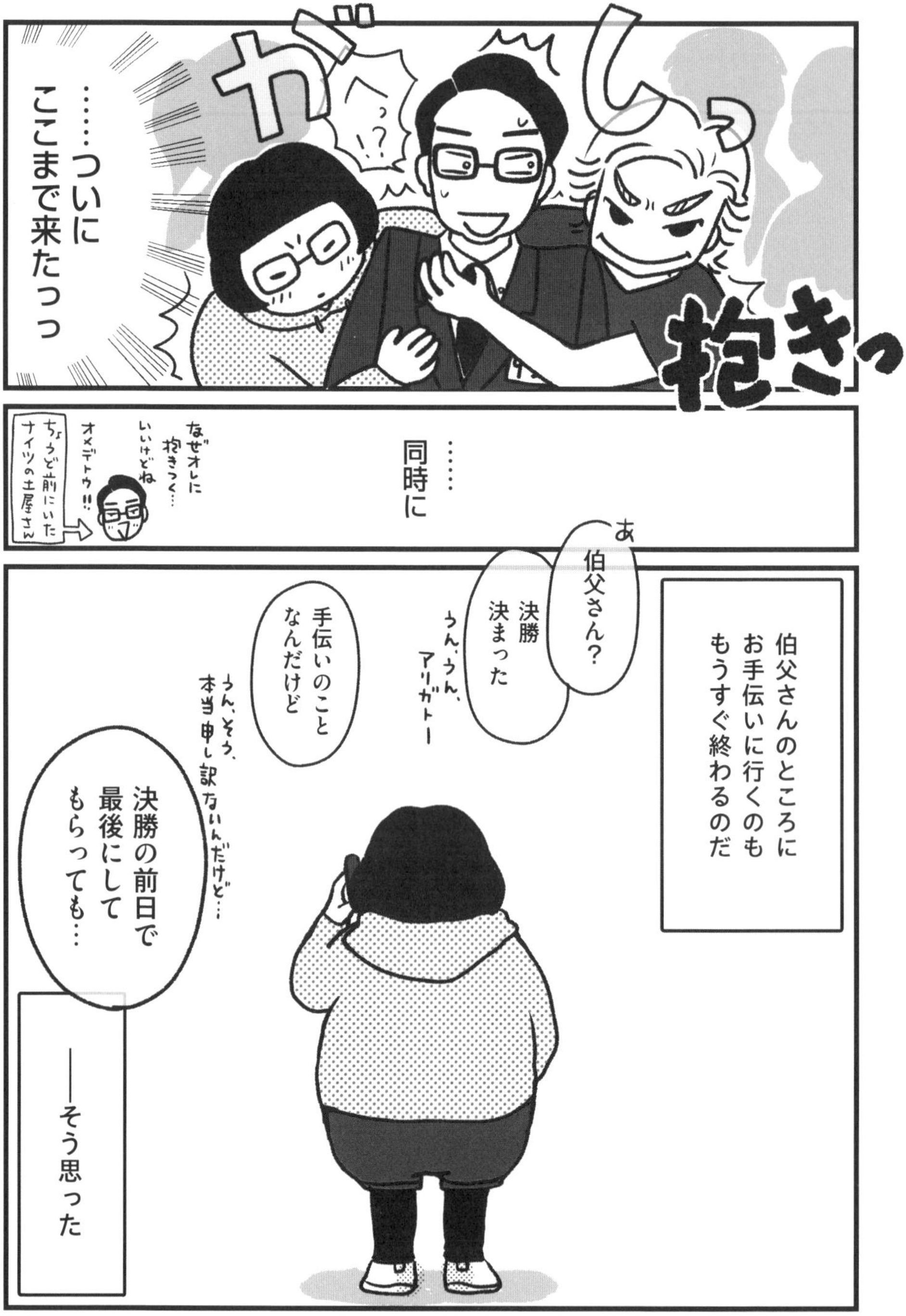
がしっ
!?
……ついに
ここまで来たっっ
抱きっ
……同時に
なぜオレに抱きつく…
いいけどね
オメデトウ!!
ちょうど前にいたナイツの土屋さん
伯父さんのところにお手伝いに行くのももうすぐ終わるのだ
あ
伯父さん？
決勝決まった
うん、うん、アリガトー
手伝いのことなんだけど
うん、そう、本当申し訳ないんだけど…
決勝の前日で最後にしてもらっても…
——そう思った

――つってもね
これで介護を辞める
というわけではなく
「芸人として忙しくなるから
今までのようには行けない」
っていうだけのこと
※M-1前日
介護の仕事には
この先も
携わっていたい
と思う
――とはいえ
〝最後の勤務〟の日は
感慨深かった(?)
今日が
最後か…
プーーッ
Yさんが
外に出ようと
してっっ…

……感慨に浸る間もなく
Yさん今、夜だからお出かけはまた今度ね
今出かけたいんだ！
どうやって見守ってるかというと…
Yさんむかってます！
モニターでチェックする人と
入り口近くの部屋で待機してる人のペアで夜勤している
だっ
Yさーん
一晩中走り回っていた
今度はMさん！
Mさん入り口行きました！

M-1グランプリ2015
ファイナリスト
…緊張する
気のせいですって

楽しみっすねー
カズの辞書に緊張って言葉はないんだな
本当すごいわ…
ドキドキ
まもなくでーす
登場10秒前…
いつも通りで大丈夫っすよ
…そうかな? 大丈夫な気もしてきたわ
でしょ?
…5・4・3
上がりまーす!

♫パンパーララ
パンパーン
エントリーナンバー878
安藤なつ
（34歳）
メイプル超合金！
いざ、夢の舞台M-1決勝のステージへ
ワー!!

地域包括は家庭の困りごとと福祉の制度をつなぐ「通訳」です

地域包括支援センター管理者（河田さん・仮名）

安藤なつ

地域包括支援センター管理者
河田さん（仮名）

地域包括支援センター管理者。保健師。高校卒業後、社会人経験を経て看護専門学校へ入学。看護師・保健師の国家資格を取得後、総合病院勤務を経て地域包括支援センターに保健師として入職。以降現在まで8年間勤務している。

安藤　「親の介護が必要かも？」となると、本や雑誌でも「まず地域包括支援センター（以下、地域包括）へ」とあるし、私も友人に聞かれればそう答えます。河田さんは最初に相談を受ける立場にいらっしゃいますが、介護初心者がつまずきやすいことや、カン違いしがちなことって何でしょうか。

河田　介護サービスを利用するには、まずその方の要介護度を認定してもらう必要があります。要支援が1・2、要介護が1～5までの段階があり、要介護度が高いほど、介護保険を利用できるサービスの種類や回数が増えます。ご家族の声で多いのは、思っていたより要介護度が低く認定されて、期待していたほどサービスを使えないというケースです。例えば、入浴が心配だから、週2、3回はデイサービスで入浴してもらいたいと思っても、要支援では介護保険の適用範囲を超えてしまい、超えた分は自己負担になってしまいます。

安藤　ケアマネジャーさんをつけてもらえるの

も、要介護1以上なんですよね。

河田　はい。でも要支援の場合は、地域包括支援センターの担当者が、お話をお聞きして、ケアプランを作りますので、まずはご相談いただくことがスタートです。

安藤　高齢になると、身体はそこそこ動けて要介護度は低くても、できないことが増えていきますよね。特に高齢の男性は、家事は奥さんまかせという人が多いので、奥さんが倒れたりしたら、とたんに困ってしまう……。

河田　高齢者を支援するサービスは、介護保険サービス以外にも、民間の企業でも提供しています。買い物が心配なら生協などの宅配を利用したり、食事については配食サービスがあります。宅配や配食業者では、同時に安否確認をしてくれるところもあるので、ご利用をおすすめすることもあります。

安藤　運転免許証を返納したり、自転車に乗れなくなったりすると、買い物も難しくなりますからね。

河田　地域によっては、高齢者の買い物を代行したり、認知症カフェを運営するボランティア団体があったりもします。各地の社会福祉協議会、略して「社協」といいますが、庭木の剪定や家事援助などを行っているところもあります。ただ、社協やボランティアの取り組みも地域によってまちまちですから、地域包括で情報を集めるとよいですね。

安藤　要介護になって、ケアマネジャーさんが決まれば、本格的に介護保険を利用することになります。私も訪問介護でお宅をまわった経験があるのですが、ひと口に訪問介護といっても、どこまでお願いできるか、利用者さんにわかりにくいところがありますよね。例えば、洗濯をお願いするにしても、介護保険の契約者ご本人のものしか洗えないとか。

河田　確かに「洗濯機をまわすのなら、同じ手間でしょ」と思われがちです。でも、医療保険でも、家族の健康保険証を使って、自分が保険診療を受けることはできませんよね。それと同じことなんです。

安藤　めっちゃわかりやすいたとえですね。

河田　例えば、親御さんの診察に付き添ったときに、お医者さんが目の前にいるからといって、親御さんの医療保険証と診察券を出して、「ついでに私の診察もしてください」とは言えませんよね。

安藤　その通りですね。それにしても、買い物から掃除、庭木のことまで、地域包括にはさぞかし、ありとあらゆる相談が寄せられるのではないですか。

河田　「電球が切れて、取り替えられなくて困っている」と連絡をいただいたりもします。

安藤　電球ひとつでも、お宅にうかがう？

河田　行くこともありますよ。というのは、本当に困っているのは電球の問題だけなのか、わかりませんからね。

安藤　なるほど。認知症でスイッチがわからなくなっているとか？

河田　家が老朽化して配線が切れているとか。他にも、意図せず電気代を滞納していたとか、まわりが気づいたときには家がゴミ屋敷になっていたということも少なくない。ご自分からこちらに相談できない場合もあるので、それを見つけて福祉につなげるのも、地域包括の重要な仕事なんです。

安藤　ひとり暮らしの方で、ご家族と離れて暮らしていたり、疎遠になっている方は、なかなか気づかれませんよね。

河田　家庭というのは社会の最小単位で、簡単にブラックボックスになってしまうんです。独居でなくても、同居のお子さんが精神疾患で、介護が必要な親御さんのケアがきちんとされていなかった、という事例もありました。

安藤　病気なのに治療を受けていないケースもありますよね。「病院に行ってください」と言っても、「オレの身体はオレが一番わかってるんだ！」みたいな、病院嫌いの方もいるし。

河田　娘さんが、かいがいしく母親の介護をしているように見えて、実はもともと親子関係が悪く、精神的に追い詰められていたとか。

安藤　第三者が入らないといけない状況であっても、ご本人は「大丈夫だ」「助けなどいらない」とゆずらない場合も多いですよね。他人にそんな姿を見られたくないとか、そもそも他人を家に入れたくないとか、そんな気持ちもあるからでしょうか。

河田　恥の文化が根強い日本で、他人を家に入れる、身体のケアをしてもらう、病院で治療を受ける、そんなことを通して、少しずつ家庭というブラックボックスを開いて、福祉につなげていかなくてはならない。地域包括の仕事は、高齢者や介護の問題だけではなく、結果的に世帯全体を見ていくことになるんです。

安藤　夜間の訪問介護をしたときに、お宅のカギをたくさん預かっていたのですが、利用者さんの気持ちを考えてみれば、カギを人に預けるって簡単なことではないなと思いました。

河田　介護に関わる側は、つい当たり前に思ってしまいますが、そうではないんですよね。

安藤　経済的な問題もあります。介護保険を利用するといっても、タダではないですから、利用するほどお金はかかります。

河田　利用者さんの経済状況については、とても大事なことなのですが、こちらからは最も聞きにくいことでもあります。経済的な補助も、介護保険以外に、オムツ代とか訪問美理容など、市区町村で独自にさまざまな補助制度を設けています。社協では、お金の管理や契約の補助をしてくれる「地域福祉権利擁護事業」という事業も受託されています。

安藤　「地域福祉権利擁護事業」は私も勉強しました。これまでは認知症などでお金の管理ができない場合、「成年後見制度」を勧められることが多かったのですが、それに比べて利用のハードルが下がる感じですね。でも、漢字だらけの専門用語の連続で、なかなか頭に入ってこなくて困りました（笑）。

河田　わかりにくいんです（笑）。ましてや利用者さんも、認知機能が衰えてきているところに、知らない人が次々やってきて、ワーッと説明して、「はい、ハンコ押して」となると、それは混乱しますよね。

安藤　ケアプランも、「～加算」とか「～点数」とか、専門用語や数字がずらっと並んでいて、頭が痛くなります。

河田　なので、なんとかわかっていただこうと、あの手この手でお話ししています。「ここのデイサービスは、運動療法士がいて、皆さんのお体が元気でいられるためのお仕事を頑張っているので、加算というお駄賃がついています」とかね。

安藤　わかりやすいです。そうやって橋渡ししていただくと、すごく助かります。

河田　市区町村の補助制度なども、ホームページやチラシを見ただけでは、わかりにくいですよね。制度と利用者さんの間の橋渡しになるのも地域包括の役割ですから、何でも遠慮なく問い合わせていただければと思います。

安藤　わかりやすいって、本当に大事だと思うんです。利用者さんも、切羽詰まらないと第三者に頼らない人が多いので、介護保険制度がもっとわかりやすく、とっつきやすいものになれば、ハードルも下がるんじゃないかと、よく思います。

河田　そのためには、「地域包括ではこんなことをしてもらえますよ」と、介護とはまだ無縁な人や若い世代の人にも知っていただくことが大事かと。そうすれば、ご自身が困ったときや困った人を見かけたときに、地域包括を頼るのが当たり前な社会になっていくと思います。企業によっては、「認知症サポーター養成講座」を受講されるところも増えていますが、だいたい地域包括の人間が講師になるので、一般の方が地域包括を知るよい機会になっています。そんな場を生かしていくことも大切だと思っています。

Chapter
6

介護福祉士の資格取得

M1
グランプリ
2015
M-1グランプリ2015
結果は7位だった
イテテテ…
まだ胃、痛いんすか？
決勝のあと私たちは——

高円寺の寿司屋で飲んでいた
……いや
本番直後
緊張し過ぎると内臓にくるんだね
ネタが終わったあと立ち上がれなかったわ
ぎうううう゛
胃
人の手で胃をひっぱられるような痛さ……

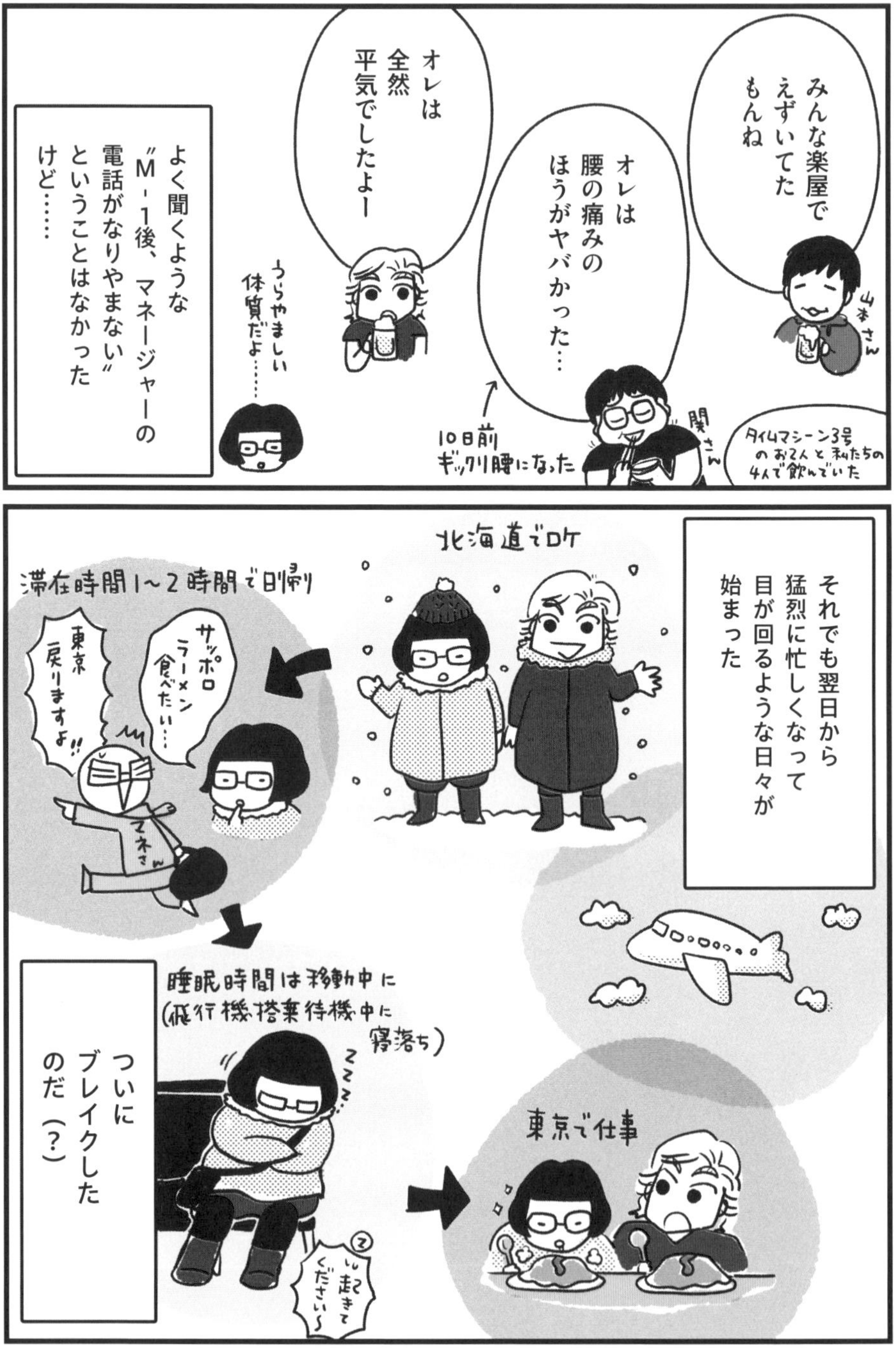
タイムマシーン3号のお2人と私たちの4人で飲んでいた
山本さん
みんな楽屋でえずいてたもんね
関さん
オレは腰の痛みのほうがヤバかった…
10日前ギックリ腰になった
オレは全然平気でしたよー
うらやましい体質だよ……
よく聞くような"M-1後、マネージャーの電話がなりやまない"ということはなかったけど……
それでも翌日から猛烈に忙しくなって目が回るような日々が始まった
北海道でロケ
滞在時間1～2時間で日帰り
サッポロラーメン食べたい…
東京戻りますよ!!
マネさん
睡眠時間は移動中に（飛行機搭乗待機中に寝落ち）
zzz
い、起きてください～
東京で仕事
ついにブレイクしたのだ（?）

なのに
お金はない
っていう……
キツイ……
これは
〝芸人あるある〟
で——

賞レース後に
忙しくなっても
お給料が振り込まれるのは
3～4か月後なので
超多忙!!
12月末
M-1
1月
2月
3月
4月
お給料日!
バイト
やめちゃってる
収入
ゼロ!!
この期間は
本当に
生活が苦しい…

売れてる芸人あるあるやで～
先輩
先輩
楽屋弁当ありがたい……
うめー
茶
茶
うれしいけど生活は厳しくて…
その期間は各所ライブやイベントで勝ち取った商品券などを換金したりして食いつないだ
新宿店は換金レート●●でしたよ～
マジかっそっちにすれば良かった
マジでやばかった……

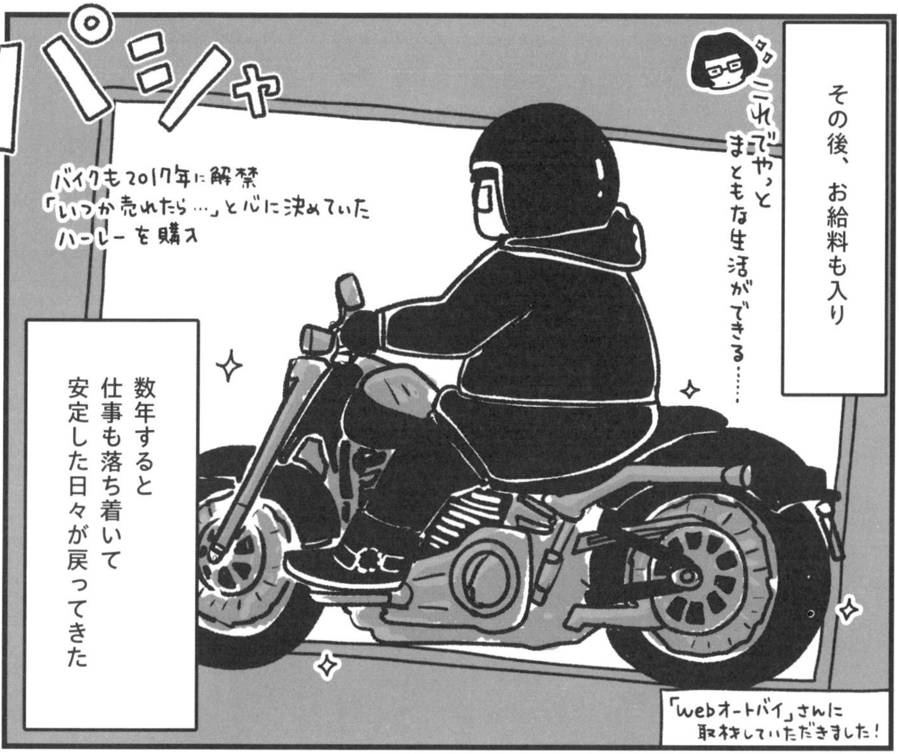
その後、お給料も入り
これでやっとまともな生活ができる……
パシャ
バイクも2017年に解禁
「いつか売れたら…」と心に決めていた
ハーレーを購入
数年すると
仕事も落ち着いて
安定した日々が戻ってきた
「webオートバイ」さんに
取材していただきました！

個人の仕事も増えるなか、
介護に関する仕事も
いただけるようになっていた

せっかくなら もっと知識をつけて お仕事できたら な～
介護業界の〝広報〟みたいな 役割ができたら…
そのために 何をしたらいいのか
――そんなことを 考えていた矢先
うちの会社 実務者研修も やっているんですよ！
東京でも やってましてねー
「介護福祉士実務者研修」を受けられる会社と お仕事をさせていただいた

これなら介護の知識も身について
資格も取れて一石二鳥なのでは？

——と思い
申し込み用紙くださいっ
えっ!? …ハイ!! 喜んで!!
すぐに実行した

「介護福祉士実務者研修」とは――
座学
旧「ホームヘルパー2級」
現「初任者研修」の上位資格で
介護に関する専門的な知識と
実践的な技術を習得でき
実技
みんなの前でやる
テスト
100数問 × 科目数
落ちた
また全部
やり直し…
クリアしないと
次に行けない
「介護福祉士国家試験」の
受験要件の1つとなっている

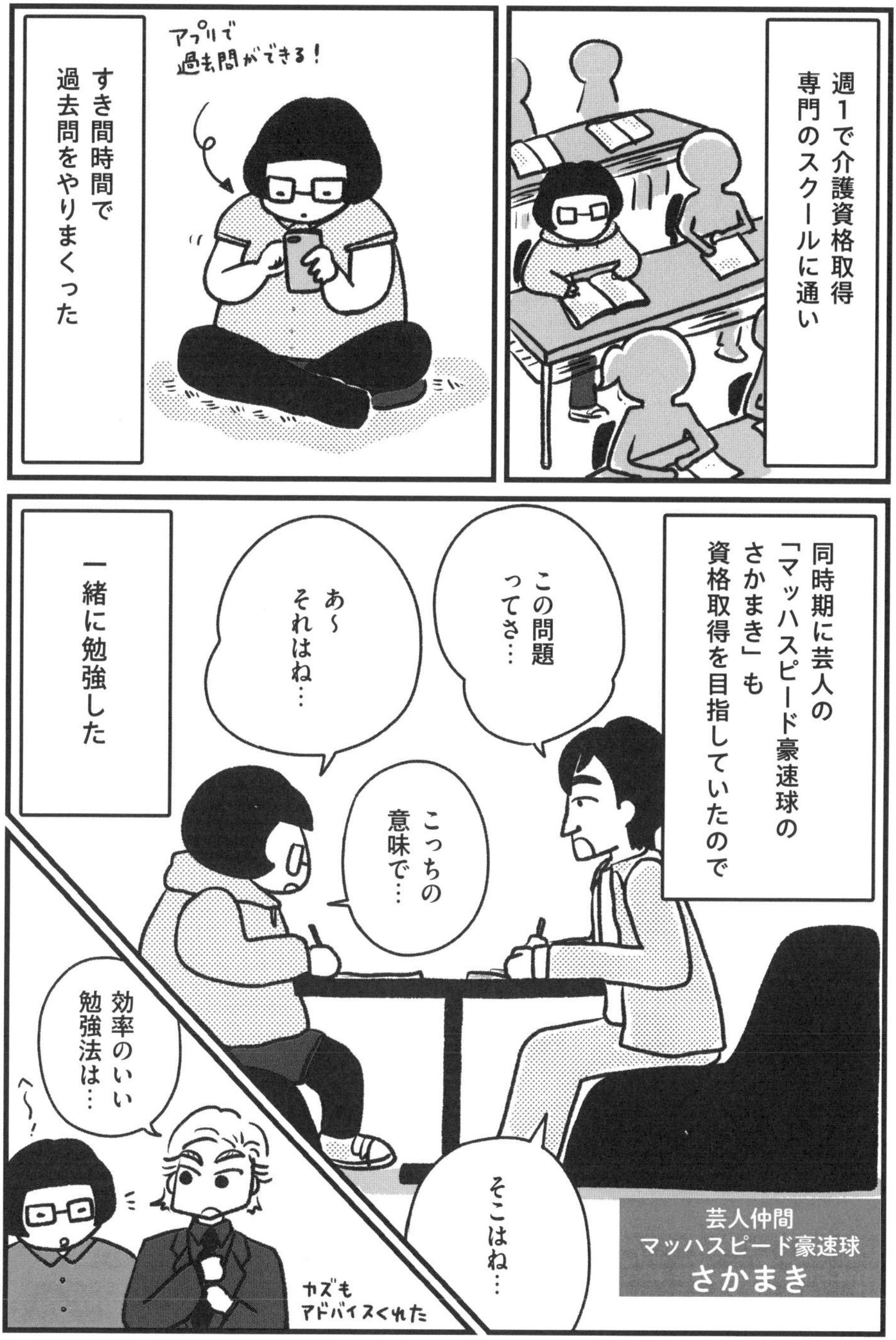
週1で介護資格取得
専門のスクールに通い
すき間時間で
過去問をやりまくった
アプリで過去問ができる!
同時期に芸人の「マッハスピード豪速球のさかまき」も資格取得を目指していたので
この問題ってさ…
あ～それはね…
こっちの意味で…
一緒に勉強した
芸人仲間
マッハスピード豪速球
さかまき
そこはね…
効率のいい勉強法は…
へ～!
カズもアドバイスくれた

自宅勉強
大変ではあったけど
あー
なるほどっ
だから
あのとき……
今まで経験してきたことが思い返され
〝答え合わせ〟をしているようで楽しかった

そして、無事に
介護福祉士
実務者研修終了
安藤なつ
（42歳）
2023年3月
第35回
介護福祉士国家試験に合格

芸人として
やってこれたのも
介護の仕事があったから
なっちゃん、
いいこと
あったんでしょ?
リスナーに
ご報告してっ
伊集院光さん
介護福祉士の試験に
合格しましたっ
少しだけ
恩返しできた気がした
まだまだ
これからだけどね

おしゃれは生活のメリハリ。介護のイメージを変える情報発信を

介護福祉士（和田行男さん）

安藤なつ

和田　安藤さんは、介護福祉士の資格をお持ちなんですよね。人前でお笑いという形を見せていくって、それだけでも並大抵のことではないと思うのですが、さらに介護の資格をとろうと思ったのは、何かきっかけがあったんですか。

安藤　小さいころから伯父の介護施設で認知症や障害のある方と接してきて、楽しさややりがいを感じていたのに、世間ではキツイとかしんどいとか……。それがずっと疑問であり、不満でもあったので、自分に何かできないかと。それで資格をとることで、自分の専門知識を深めながら、いろいろな方に介護に関心を持ってもらえればいいなと思ったんです。

和田　僕は、初めてNHKのテレビ番組に出演させていただいた時に「肩書きに企業名を出せないのですが、何かありますか」と問われて。「国家資格があります」と答えると、「それでいきましょう」となり「介護福祉士　和田行男」となったんです。当時「介護福祉士」の肩書きで出演している方がいない時代だったので、そ

れだけで仲間がすごく喜んでくれたんですよ。なので、安藤さんのような方が、お笑いの仕事をしながら介護福祉士でもあるって、介護福祉士だけじゃなく介護の仕事に就いている方々、特に若者は元気になると思いますよ。

安藤　資格試験の勉強をしてよかったと思ったのは、自分なりに介護を経験してきたことの答え合わせができたことですね。「こういう理由があるから、うまくいったんだな」とか。

和田　安藤さんがそうやって、子どものころから自然に介護を経験できたように、「介護の世界への入口」って、親の介護、学問、職業まであり、未経験・無資格でも就ける仕事が多いので間口が広いですからね。その上、介護の仕事って「深さ」が必要ですから、他業界での経験をすごく生かせる仕事だと思うんです。

安藤　確かに、介護業界には、いろいろな経歴をお持ちの方がいますよね。

和田　なんといっても相手は百戦錬磨、経験豊富な高齢者ですからね。人生の経験値からいったら、僕なんかよりはるかに上なわけでしょ。しかも認知症の状態にある方々もいるわけですから、臨機応変に対応できる力がすごく必要です。なんで、介護する側にも引き出しがたくさんあったほうがいいんです。介護ってクリエイティブな仕事ですから。

安藤　「そうきたか」となりますからね。今回、訪問介護をされている方のお話もお聞きしたのですが、利用者さんとの話題作りのためには、「Tシャツの柄でも、自身のヘアスタイルでも、使えるものは何でも使う」とおっしゃっていました。私もバケモノになったり、力士になったりしました(笑)。

和田　ハハハ。エンターテインメントなところも必要ですからね。

安藤　基本になるルールやマニュアルはあっても、いざ現場に行くと、その方によってやり方を変えなくてはいけないし、同じ方でも、その状況で違いますし。それは教科書にはないですから、経験しかないなと。

和田　人であり、人と人の関係であり、常に変化しますからね。ただ、よく「相性がある」とも言われますが、僕はスタッフには「相性で片づけるんやったら介護のプロとは言えんから、お金もらえんな」と言ってますけどね。

安藤　「攻略」っていうとゲームみたいで、言葉が悪いですけど、あれがダメならこれで、という繰り返しで。苦労するほど、うまくいったときは「やった！」とうれしくなります。

和田　安藤さんは、まず相手の気持ちになって、そのうえで一生懸命考えていますよね。それはよい意味での「攻略」なので、利用者さんやご家族にもわかってもらえますよ。

安藤　そうだといいのですが……。夜間の訪問介護をしていたときに思ったのは、ご家族は睡眠時間を確保するために私にカギを預けてくださっているんだよなと。介助をするのはご本人ですが、それほどの状況になっているご家族の信頼に応えなくちゃという責任を感じました。

和田　特に自宅で暮らす方の場合は、介護を受ける本人の支援を考えるだけではだめで。そもそも家族がつぶれてしまったら、本人が願う自宅生活は維持できなくなりますから。いろいろな意味でご家族へのフォローは重要です。僕は「家族自身が在宅で介護をしたい」と願う方々、つまり、「家族介護支援」のために現金給付などの公的援助があっていいと思っています。

安藤　私は9年近く介護現場を離れていますが、介護職の皆さんのお話をお聞きすると、介護にあたって大事にしなくてはいけないことは、以前も今も変わらないように思います。その一方で、和田さんが最近の介護業界で変わってきたと思うことはありますか。

和田　日本の「自助具」の進歩は、ロボットも含めてすごいんじゃないですかね。以前はヨーロッパのほうが進んでいたと思いますが。生きるために必要なことを簡単に他人様にしてもらうのではなく、他人様の力を借りずに自力でできるようにサポートする、そこに日本が誇る技術力を使っていくって素敵なことです。

安藤　自分で食事ができるのか、人に食事を口に運んでもらうのか、その差はすごく大きいですよね。

和田　靴、杖、安心パンツ、車椅子なんかもデザインがおしゃれになりました。色もカラフルです。

安藤　毎日使う道具がおしゃれだと、テンションが上がりますよね。それに、おばあちゃんになっても、メイクして出かけたいと思いますよ。つい生活だけで、いっぱいいっぱいになっちゃうじゃないですか。

和田　施設でだって、居室からリビングに出たら外ですよ。だから僕は、朝起きたら居室を出る前に身なりを整えるようにフォローしようよと、スタッフに言ってきました。男性も、一日中ひげもじゃのままでは、生活のメリハリがなくなってしまうでしょ。

安藤　確かに、おしゃれや身だしなみは、生活のメリハリになりますね。

和田　女性もお化粧をすると表情が違います。口紅するだけでも全然違う。食器とか備品だって形や色を多彩にすると、施設の雰囲気も変わりますからね。

安藤　視界に入るもので、気持ちが変わりますよね。「おじいちゃん、おばあちゃんだから地味でいい」などというのは先入観かと。

和田　それと僕が大事にしているのは、日常の中にふと起こる「笑い」です。しかも口の中がすべて見えるような「大笑い」にします。安藤さんは芸人さんとして、高齢者施設の行事などに参加されたことはあるんですか？

安藤　まだ経験ないです。施設をまわっている芸人もいて、私も何かできないかなぁと思っています。

和田　以前、落語のお誘いを受けて、認知症の状態にある方々と一緒に行かせてもらったんですが、登場人物も伏線も、オチまで頭にキープできませんからね。落語はハードル高いです。

安藤　「お後がよろしいようで」と言っても、ちっともよろしくないでしょうね。

和田　なので、「瞬間的な笑い」「動き」が大事なんですよ。すぐ笑えるネタじゃないと。

安藤　うーん、難しいかもしれませんが、何かできるかなぁ。

和田　おしゃれでもお笑いでも、介護のやりようはいろいろあるわけですが、忘れてはいけないのは、本人の気持ちですね。「本人がどんな暮らしをしたいのか」「どう生きたいか」という根本のところが大事ですね。例えば、外出すればいろいろなリスクを伴うし、リスクを優先すれば動きは小さくなるし。どちらが本人の生き方としてよい選択なのか。

安藤　つい家族の都合や、施設の事情だけで考えがちかもしれませんね。

和田　言い方が正しいかどうかわかりませんが、「人生をどう考えるか」ですから「哲学」かもしれません。もちろんご家族のお考えもあるので、僕はご家族に、「お父ちゃんお母ちゃんのためにこういうことをやっていきます。リスクはありますが、それでいいですか」と予めお聞きします。本当にいろいろなことが起りますから。ただ、その選択肢さえも示せないのでは、「どう生きたいか」という本人の気持ちに応えられないと思うんです。

安藤　私はずっと「利用者さんと一緒に何かをクリアする」というのが普通に楽しいと思っていました。やはり何もかもお世話される一方の生き方ではなく、一緒にやるとか、助けを借りても自分でやれることはやるって、生きていくうえで大事なんだと思います。

和田　安藤さんのお話を聞かせていただき、相手が認知症だから障害者だからという線引きがないことがわかりました。だから自然にそんな感覚になれるんでしょうね。お笑い芸人という知名度があって介護をそういう風に語れる方は貴重です。安藤さんには、どんどん社会に発信してほしいですし、子供たちが将来なりたい職業ベストテンに入るといいですね。もっと多くの人に、介護業界をめざしてほしいですから。共に、よろしくお願いします。

エピローグ

2024年
これまでの
私と介護の関わりを描いた
本が出版されることになった
この本のことねっ
今読んでくださってるこの本のことです
2023年に
介護福祉士の資格を
取ったことが話題になり
人気お笑いコンビ
メイプル超合金の
安藤なつさん
介護福祉士の
国家試験に合格
メイプル超合金・安藤なつさん
ラジオで介護福祉士の国家試験に
合格したことを報告した
ニュースを通して
興味をもってくれた
編集さんが
声をかけてくれたのだ
書籍化しませんか？
企画書

「介護業界を盛り上げたい」
と思い描いていたことが

2022 年
NHK ハートネット TV
『お笑いも介護もハッピー』
放送

2022 年
『知っとく介護 弱った親と自分を守る
お金とおトクなサービス入門』
KADOKAWA　出版

2022 年
厚生労働省補助事業
『GO！ GO！ KAI-GO プロジェクト』
副団長に任命

2023 年
介護福祉士資格取得

2024 年
『介護現場歴 20 年。』
主婦と生活社　出版

実を結び始めているのが
とてもうれしい

介護の仕事は大変だ
「ありがとう」
しみるわ～……
でも、大きな喜びを
もたらしてくれる
魅力的な仕事だと思う
この本を通して
それが少しでも伝わっていたら
介護に興味を持ってもらえたら
うれしい

そして……
きっと、その魅力に
ハマってもらえるはずだから
興味をもって
くれた人がいたら
体験してみてほしいっ
これが私、
安藤なつからの
お願いです！

老人ホーム・介護施設の種類

	●主に要介護者向け	★自立したシニア向け
公的施設	**●特別養護老人ホーム(特養)** 原則、要介護3以上から入居可能。入浴、食事など日常生活の介助を受けながら暮らすことができる。月額10～15万円と比較的安価だが、地域によっては入居待機者が多い。 **●介護老人保健施設(老健)** 病院と自宅の中間的な位置づけで、退院後すぐで在宅生活が難しい要介護1以上の方が入居し、在宅への復帰を目指す介護保険施設。 **●介護医療院(介護療養型医療施設)** 介護度が重い方へ、充実した医療的ケアとリハビリを提供する施設。医療法人が運営しており、医師、看護師の人員配置が手厚いのが特徴。	**★ケアハウス** 60歳以上で、自宅での自立した生活に不安がある方を対象とした施設。低所得者の費用負担が軽いのが特徴。 
民間施設	**●介護付有料老人ホーム** 24時間介護スタッフが常駐。要介護度別の定額を払うことで、日常生活に関わる介護サービスを受けながら生活できる。要介護5までを受け入れ、看取りまで対応する所もあり終の住処にもなりうる。 **●住宅型有料老人ホーム** 必要な分だけの介護サービスを受けることができ、比較的要介護度が軽くても生活しやすい有料老人ホーム。介護付と同等のサービスを提供するところもある。 **●グループホーム** 65歳以上、要支援2以上の認知症を持つ方が、専門的なケアを受けながら、少人数の家庭的な雰囲気で共同生活できる介護施設。	**★サービス付き高齢者向け住宅** 60歳以上から入居が可能な、バリアフリー構造の賃貸住宅。有資格者の相談員が常駐し、安否確認と生活相談サービスを受けることができる。 **★シニア向け分譲マンション** おもに自立、あるいは要支援の高齢者を対象にしたバリアフリーの分譲マンション。家事援助サービスがある、温泉やプールがあるなど、サービスや共用設備はマンションによってさまざま。

おわりに

介護現場を離れて9年。

いろいろなお仕事をさせていただく中、福祉についてお話しする機会も増え、

改めて勉強したいと思い、介護福祉士の国家資格を取得しました。

少しでも介護という専門職に興味を持ってくださった方、

いま、在宅でご家族のケアをされている方、「これからどうしよう」と悩んでいる方――。

そんな皆様に微力ながらお伝えしたいのは、私の体験や経験した現場、現状、楽しさ、

やりがいはもちろんですが、「きれいごとだけではない」ということ。

人に頼るのって本当に難しいんですよね。

「家族のことは家族が看る」、とてもすてきなことだと思います。

でも、家族だからこそ許せなかったり、目をそらしたかったり……。

お互いに余裕を失い、つらくなるのなら、公的なサービスを利用してはどうでしょうか。

もちろん、ご家族でしかできないケアもあると思います。ですが、

第三者が入ることによって余裕が生まれるのなら、
よりすてきな生活になるのかなぁと思うんです。
「芸能のお仕事って大変でしょ?」と聞かれることがあります。
ですが、私にとっては好きなことなので「何が?」という感じ。
介護の仕事も同じ。
「好きでやっていることなので、お任せください!」です。
最後に、この書籍を出版するにあたり、
取材にご協力くださった大起エンゼルヘルプの皆様、ライターの志賀さん、
わかりやすく可愛く漫画にしてくださったまめこさん、出版社の皆様、
そして、介護という仕事に興味を持たせてくれた伯父さん、
施設のスタッフの皆様、利用者の皆様、本当にありがとうございます。

安藤なつ

安藤なつ（メイプル超合金）
1981年1月31日生まれ。東京都出身。2012年に相方カズレーザーと「メイプル超合金」を結成。ツッコミ担当。2015年M-1グランプリ決勝進出後、バラエティを中心に女優としても活躍中。介護職に携わっていた年数はボランティアも含めると約20年。ホームヘルパー2級（現：介護職員初任者研修課程修了）の資格を持つ。2023年に介護福祉士の国家資格を取得。厚生労働省の補助事業『GO! GO! KAI-GOプロジェクト』の副団長を務める。

マンガ まめこ
大学では国際関係学部・インドネシア語専攻。インドネシア、バンドゥンに2年間留学後、現在の活動をスタート。家事系のコミックエッセイのほか、絵本、キャラクターブックなどを出版。

介護現場歴20年。

著者 安藤なつ
マンガ まめこ
編集人 栃丸秀俊
発行人 倉次辰男
発行所 株式会社主婦と生活社
〒104-8357 東京都中央区京橋3-5-7
編集部 03-5579-9611
販売部 03-3563-5121
生産部 03-3563-5125
https://www.shufu.co.jp
製版所 東京カラーフォト・プロセス株式会社
印刷所 大日本印刷株式会社
製本所 株式会社若林製本工場

ISBN978-4-391-16101-4

万一、乱丁、落丁がありました場合はお買い上げになった書店か小社生産部へお申し出ください。

STAFF

ブックデザイン
あんバターオフィス

DTP
天龍社

校正
鷗来堂

取材・文
志賀桂子

取材協力
大起エンゼルヘルプ

編集
鶴町かおり